Unserer lieben Juliane
zum 5. Geburtstag
von Oma Evi u. Opa Klaus

29.8.2014

# *August der Starke*

Eine Biografie für Kinder

aufgeschrieben von Monika Rosner
illustriert von Glummie Riday

Sandstein Verlag · Dresden

EINE

# August

BIOGRAFIE

# der

FÜR

# Starke

KINDER

# Inhalt

## Kindheit



## Der Starke

## Frauen



## Schätze



## Schlösser

# Kindheit

* 1670

Der kleine Prinz Friedrich August wird geboren.

1691

Friedrich Augusts Bruder Johann Georg wird König.

† 1694

Johann Georg stirbt, und Friedrich August wird Kurfürst.

1697

Friedrich August wird König.

# Es war einmal ein kleiner Prinz …

Der 12. Mai 1670 war ein ganz besonderer Tag. Jedenfalls in der Residenzstadt Dresden. Denn an diesem sonnigen Frühlingstag wurde ein kleiner Prinz geboren. Er bekam den Namen Friedrich August, gerufen wurde er aber erst mal nur Friedrich. Seine Mutter hieß Anna Sophie, sie war Prinzessin von Dänemark und Norwegen. Nach ihrer Hochzeit mit Friedrich Augusts Vater, dem sächsischen Kurfürsten, war sie vom Königshof in Kopenhagen nach Dresden umgezogen.

Wie ich heiße, wollt ihr wissen? Gestatten: Cantuccini, von Beruf Faxenmacher und Ururururur-Enkel des berühmten Hofnarren Fröhlich, der am kurfürstlichen Hof in Dresden seinen Schabernack trieb. So einen Job hätte ich auch gern, aber leider ist der altehrwürdige Beruf des Hofnarren heute nicht mehr so gefragt (und es gibt ja auch nur noch wenige Könige). Tatsache ist: Ich langweile mich. Doch neulich habe ich einen wirklich aufregenden Fund gemacht: die geheimen Lebenserinnerungen meines Vorfahren, ein Bündel aus Heften und losen Blättern, das vergessen und verstaubt in einer Ecke des Dachbodens lag. Darin standen ganz spannende Dinge, denn als Hofnarr hat mein Ururur(ihr wisst schon)-Großvater ja so einiges mitbekommen und auch aufgeschrieben. Zum Beispiel, dass der kleine Prinz, von dessen Geburt ich eben erzählt habe, als kleiner Junge ganz schön freche Sachen machte. Als er groß war, wurde er erst Kurfürst von Sachsen und dann sogar noch König in Polen. Und ich weiß jetzt auch, wie es dazu kam.

Stammbaum Augusts des Starken – so bekommt ihr einen Familienüberblick.

Friedrich August hatte einen zwei Jahre älteren Bruder, der Johann Georg hieß, genauso wie der Vater und der Großvater der beiden Prinzen. Damals war es bei adligen Leuten oder in Königshäusern üblich, dass immer der älteste Sohn nach dem Vater genannt wurde, weil er eines Tages dessen Nachfolger werden sollte. Auch heute noch wird der Name des Vaters an den ältesten Sohn weitergegeben, aber nur in Familien, die großen Wert auf alte Gebräuche und Traditionen legen. Als Friedrich August geboren wurde, regierte noch sein Großvater. Damit niemand durcheinander kam, hatten die jeweiligen Herrscher eine Nummer. Der Großvater von Friedrich August war der Zweite mit dem Namen Johann Georg, deshalb hieß er Johann Georg II., der Vater Johann Georg III. und der Bruder Johann Georg IV. Alles klar?

Hausmannsturm
Großer Schlosshof
Kleiner Schlosshof

Doch zurück zu unseren Prinzen. Friedrich August wuchs also gemeinsam mit seinem Bruder im kurfürstlichen Schloss in Dresden auf. Es war ein prächtiges Schloss; die Dresdner Residenz galt damals als eine der schönsten ihrer Art. Die Dächer waren mit seltsam verschnörkelten Giebeln, sogenannten Volutengiebeln, geschmückt, und die Außenwände waren mit kunstvollen, schwarz-weißen Malereien überzogen. Nur, das muss ich sagen, ein bisschen altmodisch war es schon. Der Baustil war eigentlich 100 Jahre zuvor modern gewesen, er wird heute Renaissance genannt. Obwohl sie das eigentlich nicht durften, spielten die beiden Brüder in den langen, verwinkelten Gängen Verstecken. Aber am spannendsten fanden sie die gelegentlichen Besuche bei den »Hausmännern«. Sie wohnten im höchsten Turm des Schlosses, dem Hausmannsturm (deshalb der Name). Sie hatten die Aufgabe, im Krieg nach Feinden und in Friedenszeiten nach Feuer Ausschau zu halten und die Dresdner rechtzeitig zu warnen.

**Renaissance**

ist ein französisches Wort und bedeutet »Wiedergeburt«. Zur Zeit der Renaissance hat man wieder so gebaut, wie es viele hundert Jahre vorher in Griechenland und dem Römischen Reich (diese Zeit nennt man Antike) modern war. Die Baukunst der Antike wurde also wiedergeboren.

Der Große Schlosshof heute mit den schönen schwarz-weißen Putzmalereien

Als Friedrich August vier Jahre alt war, ließ sein Großvater den Turm sogar noch ein Stück höher bauen. Es war nämlich ein großes Familientreffen geplant, und der Kurfürst wollte zeigen, was er hatte. Dieser Turm, der alle anderen Bauwerke überragte, sollte ein Zeichen seiner Macht sein.

Das Schloss gibt es noch heute, auch wenn es ein wenig anders aussieht, als es Friedrich August gekannt hat. Jede Generation hat es immer wieder verändert, erweitert, repariert und erneuert. Vor allem die Bombardierung Dresdens im Februar 1945 hat vieles zerstört, was jahrhundertelang bewahrt worden war. Doch seit einigen Jahren wird das Schloss wieder aufgebaut. Stück für Stück entsteht die frühere Pracht von Neuem. Sogar die schwarz-weißen Putzmalereien im Großen Schlosshof werden in mühseliger Kleinarbeit wiederhergestellt. Wenn ihr Lust habt, können wir mal den Hausmannsturm besteigen und auf die Dächer der Stadt und weit ins Land hineinschauen. Obwohl Dresden heute ja viel größer ist als zur Zeit unseres Prinzen, ist er immer noch der höchste Turm in der Innenstadt.

Bei dem Karussellrennen sind ganz schön viele Leute unterwegs, was?

Hier also wohnten der kleine Friedrich August und sein Bruder. Sie gingen übrigens nicht zur Schule, sondern hatten einen Hauslehrer, der sie im Schloss erzog. Von diesem »Hofmeister« lernten sie lesen und schreiben, aber auch reiten, fechten, schießen und tanzen, denn all das musste ein Kurprinz damals können. Als sie größer wurden, durften die beiden an den prächtigen Festen teilnehmen, die am Hof eines Fürsten so stattfanden. Dabei wurden die Gäste mit verschiedenen Spielen unterhalten. Friedrich August mochte ganz besonders das Karussellrennen. Das war ein Wettspiel, bei dem man mit einem langen Stab, einer Lanze, einen herabhängenden Ring aufspießen musste. Die Herren saßen dazu auf Pferden. Weil die Damen allerdings so unpraktische lange R¨cke trugen und Reiten für sie als unfein galt, versuchten sie v  n der Kutsche aus den Reif zu treffen. Ganz sch¨n schwierig. Nach diesem Spiel wurde übrigens das Karussell benannt, das wir von Jahrmärkten kennen.

o

o

o

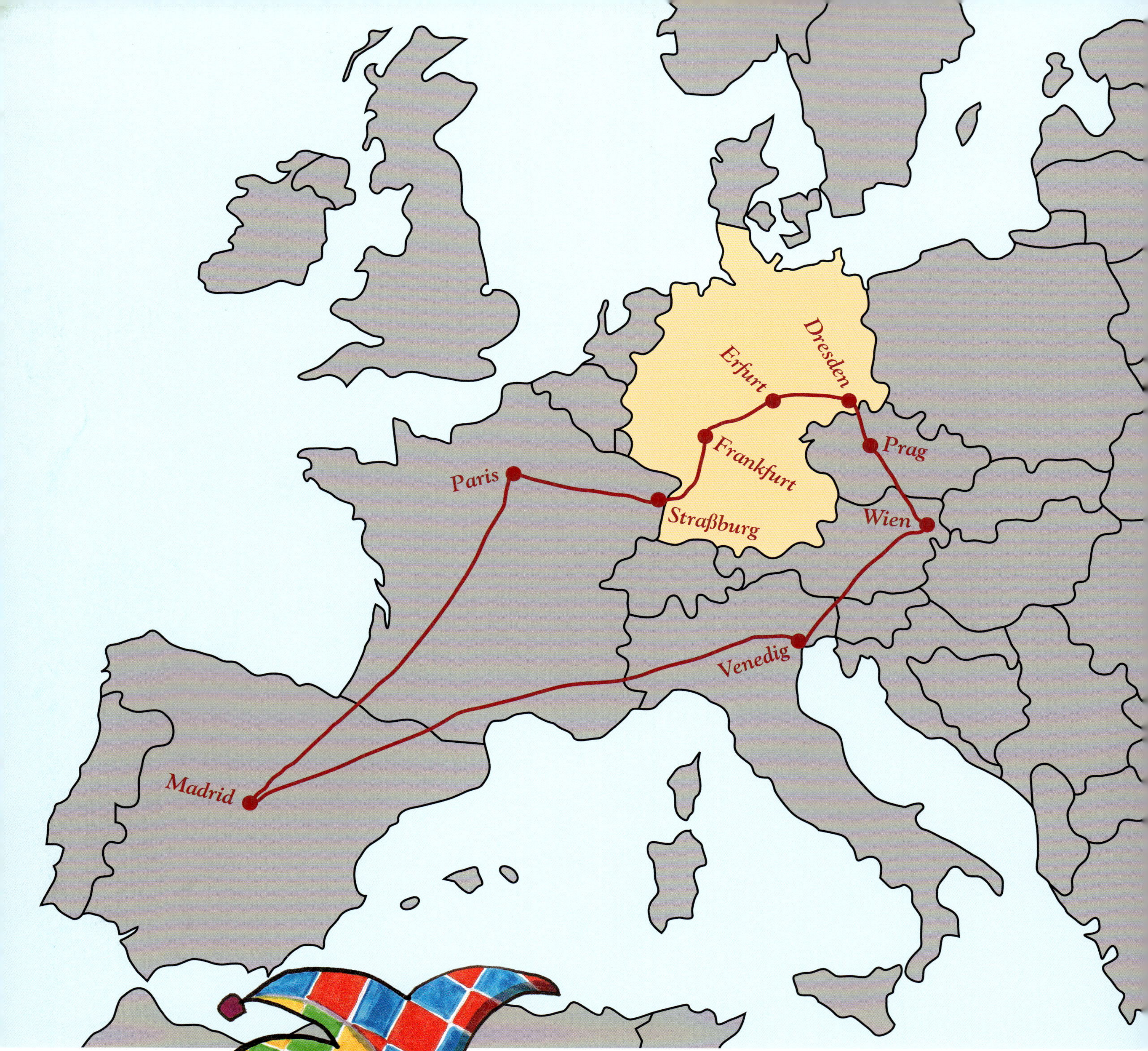

Hier seht ihr mal, welche enormen Strecken August damals zurückgelegt hat. Damit ihr euch besser orientieren könnt, sind die heutigen Ländergrenzen eingezeichnet.

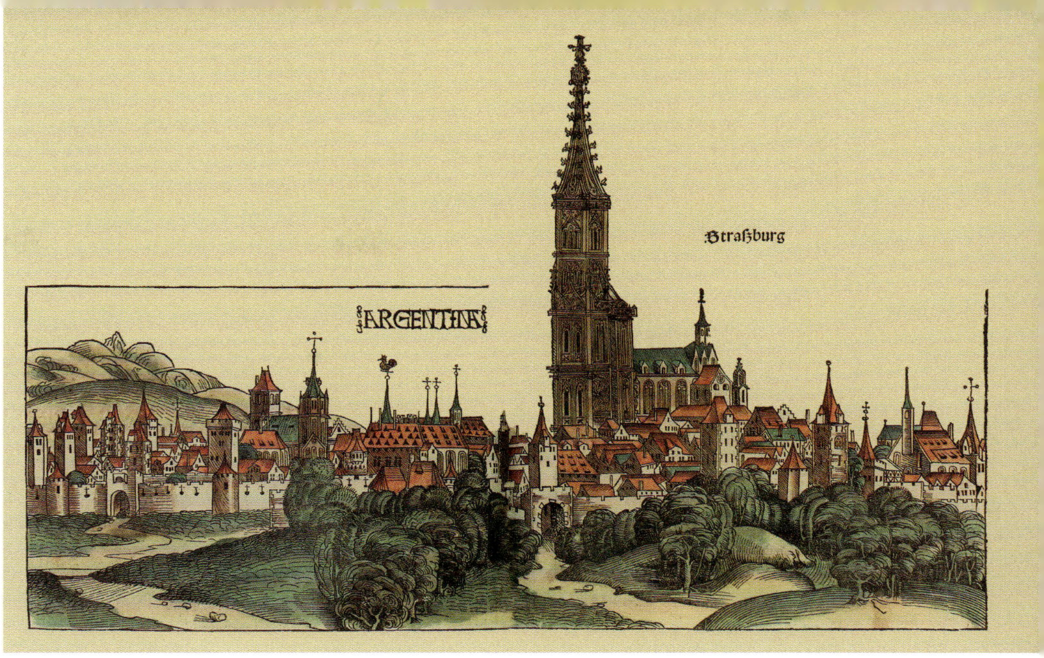


So sah das Straßburger Münster aus, als Friedrich August es besichtigte. Das Bild ist allerdings noch viel älter.

Eine Woche nach seinem 17. Geburtstag, am 19. Mai 1687, brach Friedrich August zu einer großen Reise auf. Inzwischen war sein Großvater gestorben, und sein Vater war regierender Kurfürst. Eine solche Fahrt, »Kavalierstour« genannt, war damals für junge Prinzen üblich. Sie besuchten dabei die großen europäischen Städte, stellten sich bei anderen Königen und Fürsten vor und lernten feine Umgangsformen, Fremdsprachen und die Kunst und Kultur anderer Länder kennen. So eine Reise dauerte meistens mehrere Jahre, Friedrich August war zum Beispiel zwei Jahre unterwegs. Das ist kein Wunder – stellt euch vor, eine Kutsche schaffte am Tag ungefähr 30 Kilometer. Von Dresden nach Erfurt, der ersten großen Station der Reise, dauerte es also gut eine Woche. Von hier aus ging es über Frankfurt am Main nach Straßburg, Paris und Madrid, Venedig, Wien und Prag. Die meisten dieser Städte waren damals, wie Dresden auch, eng und verwinkelt. Viele kleine und größere Häuser drängten sich innerhalb der Stadtmauer aneinander.
Zu den größten Sehenswürdigkeiten gehörten das Straßburger Münster mit dem damals höchsten Kirchturm der Welt und der Escorial in Madrid, eine riesige Schloss- und Klosteranlage. Den Eiffelturm in Paris konnte August leider nicht bewundern, den gab es noch nicht. Es waren aber nicht die alten Kirchen mit ihren hohen Türmen und die malerischen Gässchen, die ihm gefielen. Vielmehr beeindruckten ihn die modernen Herrensitze und die weitläufigen Parkanlagen, die außerhalb der großen Städte entstanden. Vor allem das Schloss des französischen Königs in Versailles, das erst wenige Jahre zuvor errichtet worden war, traf seinen Geschmack.

**Kurfürst**

ist ein Name für einen Herrscher. Kurfürsten (und Fürsten) regierten jeder nur über einen Teil des ganzen Reichs (nämlich ihr Kurfürstentum). Im Unterschied zu den normalen Fürsten durften sie den römisch-deutschen König wählen (»küren«).

In Venedig vergnügte er sich damit, auf den Wasserstraßen von einem Ort zum anderen zu gondeln, und er soll dort, vor allem zur Faschingszeit, einer ganzen Reihe von Hofdamen den Kopf verdreht haben.

Leider war Friedrich August ziemlich schreibfaul (typisch), weshalb die Briefe, die er seinem Vater schickte, nicht besonders ausführlich waren. Wahrscheinlich schrieb er sie auch nur deshalb, weil man es von ihm erwartete. Vielleicht war er aber auch so mit dem aufregenden Leben und den Festen an den großen Höfen beschäftigt, dass er gar nicht so richtig zum Schreiben kam. Im April 1689 befahl ihm dann sein Vater, nach Dresden zurückzukommen.

Zwei Jahre später, 1691, starb der Kurfürst, und Friedrich Augusts großer Bruder wurde wie geplant sein Nachfolger. Friedrich verstand sich nicht besonders gut mit ihm, schon als Kinder hatten sie sich viel gestritten. Mal im Vertrauen: Friedrich hat den armen Johann Georg immer ganz schön geärgert. Einmal soll er sogar gesagt haben, sein Bruder sei gar nicht zum Regieren geeignet, er sei viel zu schwächlich und schüchtern. Das war ziemlich gemein, doch sollte Friedrich in gewisser Weise recht behalten.

Schloss des französischen Königs in Versailles

1694, drei Jahre nach seinem Regierungsantritt, wurde Johann Georg IV. schwer krank. Er bekam hohes Fieber, Kreuzschmerzen und überall am Körper dicke Bläschen: die Pocken (er hatte sich nämlich bei seiner Freundin angesteckt). Zum Glück gibt es diese Krankheit heute nicht mehr, aber damals starben viele Menschen daran. Auch Johann Georg überlebte die Pocken nicht, und seine Familie trauerte sehr um ihn. Friedrich August war zwar auch traurig, aber ganz überraschend war für ihn ein großer Traum in Erfüllung gegangen: Er konnte selbst regieren. Aber es reichte ihm nicht, nur Kurfürst zu sein. Er wollte noch höher hinaus: König wollte er werden.

# Wie aus dem Prinzen ein König wurde

Bald bot sich eine fantastische Gelegenheit: In Polen, dem Nachbarland Sachsens, wurde der Königsthron frei. Friedrich August sah seine Chance. Anders als in Sachsen rückte hier nämlich nicht einfach der Sohn in der Thronfolge nach. Stattdessen wurde der Nachfolger aus mehreren Kandidaten gewählt. Ganz einfach war die Bewerbung allerdings trotzdem nicht. Schließlich war Friedrich August nicht der Einzige, der an die Macht wollte. Und so richtig begeistert waren die Polen auch nicht davon, dass ein Fremder die Führung in ihrem Land übernehmen sollte. Er wurde dennoch gewählt, und seit 1697 nannte er sich August II., König in Polen.

Wie er das geschafft hat, wollt ihr wissen? Zuerst einmal hat er mit allen möglichen wichtigen Leuten Gespräche geführt und versucht, mächtige und einflussreiche Männer auf seine Seite zu bringen (ganz im Vertrauen: Er hat sie nicht nur mit Argumenten überzeugt, sondern auch mit viel Geld). Und er trat zum katholischen Glauben über, obwohl er eigentlich evangelisch war. Davon waren wiederum die Sachsen gar nicht begeistert. Damals war es nämlich immer so, dass die Untertanen denselben Glauben haben mussten wie ihr Landesherr, denn er war auch das Oberhaupt der Kirche. Die Sachsen hatten deshalb große Angst, dass August sie zwingen würde, den Glauben zu wechseln. Das erscheint euch vielleicht nicht so schlimm, doch damals war die Religion für die Menschen ungeheuer wichtig. So wie wir uns heute um unser körperliches Wohl Gedanken machen und zum Beispiel auf unsere Ernährung achten (Sport statt Fernsehen, geraspelte Möhren statt Chips, ihr wisst schon), so waren die Menschen früher sehr auf ihr Seelenheil, also ihr innerliches Wohl, bedacht. Ganz im Gegensatz zu seinen Fürstenkollegen versprach aber August seinen Untertanen, dass sie weiterhin ihre Gottesdienste besuchen und ihre Pfarrer wie bisher predigen durften – selbst wenn sie auch mal was gegen den König und seinen neuen Glauben sagten.

So war der König bei seiner Krönung angezogen.

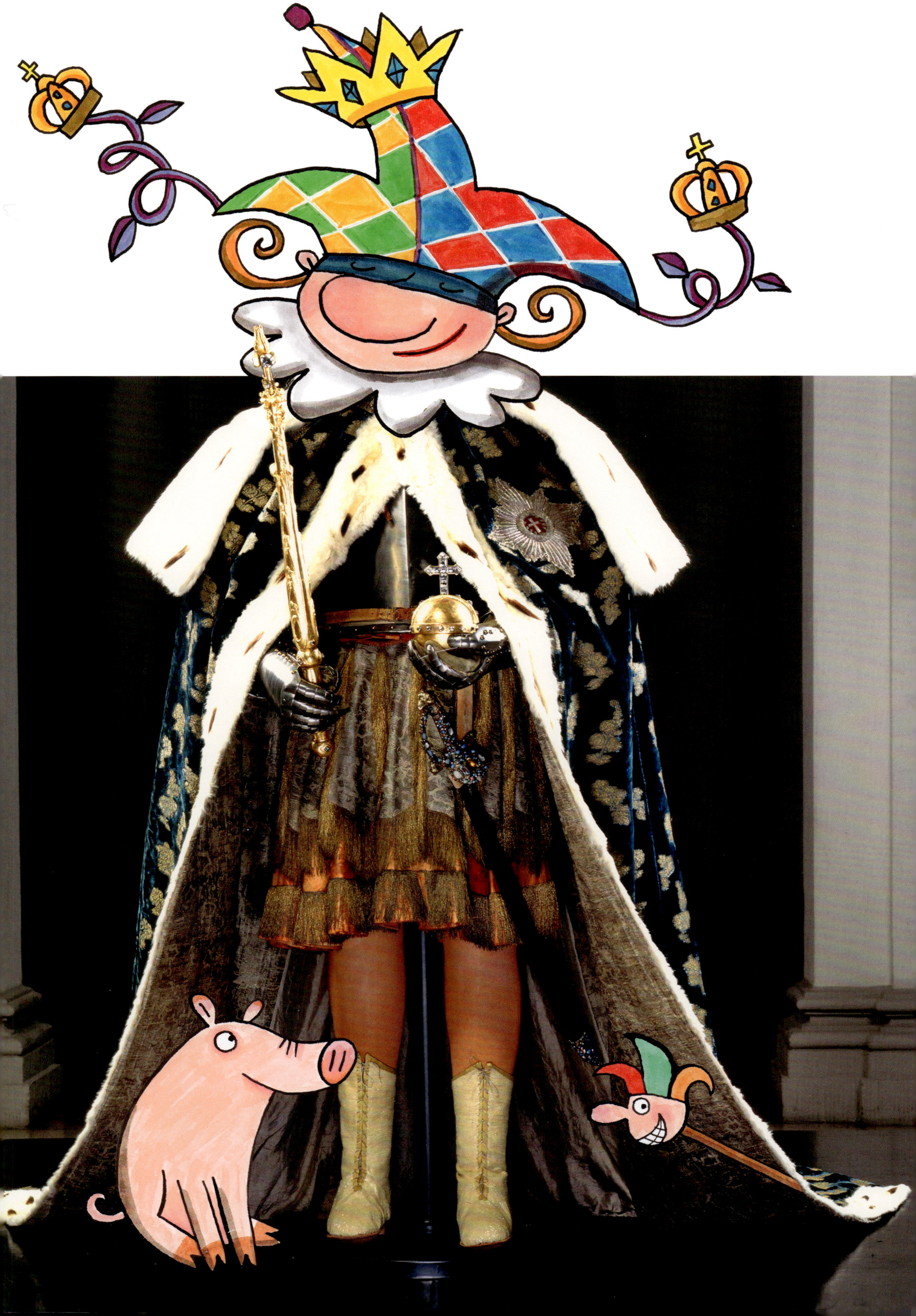

# Der Starke

**1711**

August soll ein Hufeisen zerbrochen haben.

**1718**

Porträt des Hofmalers Louis de Silvestre

# Wie August in Wirklichkeit aussah …

Auf den Bildern, die es von August gibt, sieht man ja immer einen ernsten, imposanten Mann, einen mächtigen König eben. Aber ich kann euch sagen, in Wirklichkeit war er nicht besonders gut aussehend. Was, ihr glaubt, ich bin bloß neidisch? Stimmt nicht. Also, als junger Mann ging's vielleicht noch, doch ich kann beweisen, dass August später erstens ganz schön dick war, zweitens lauter hässliche Narben im Gesicht und drittens schon früh keine Zähne mehr hatte. August hat sich nämlich regelmäßig von seinem Leibarzt untersuchen, messen und wiegen lassen. 1712 zum Beispiel, da war er 42 Jahre alt und 1,76 Meter groß.

August kurz vor der Amputation des brandigen Zehs

Damals waren die meisten Männer viel kleiner als heute, eher so wie heute eine nicht allzu große Frau. Groß war er also, das stimmt. Aber vor allem war August unglaublich dick, gut 40 Kilo Übergewicht hatte er mit seinen über 120 Kilo. Das lag natürlich daran, dass er viel zu viel aß und jede Menge Alkohol trank. Schon zum Frühstück verspeiste er warme Biersuppe mit Eiern und Gewürzen oder in Sekt getunkte Butterbrote. Bei großen Festen gab es über 100 verschiedene Speisen, pro Gang mindestens 30. Ich nehme mal an, der König hat nicht alle diese Gerichte selbst gegessen; wahrscheinlich waren nur die besten für ihn vorgesehen. Aber in den üblichen drei Stunden für eine festliche Mahlzeit kann man eine ganze Menge vertilgen … Weil er das üppige Essen nicht lassen konnte, hatte der König vermutlich Diabetes, eine Krankheit, die die Ärzte damals noch nicht erkennen konnten. Jedenfalls bekam er Entzündungen und eiternde Wunden an den Füßen, die seinen ganzen Körper zu vergiften drohten. Glücklicherweise fand sich ein beherzter Mediziner, der dem König kurzerhand einen Zeh am linken Fuß amputierte und ihm so das Leben rettete. Außerdem hatte August wie sein Bruder die Pocken. Er überlebte sie zwar, aber einige Narben werden wohl zurückgeblieben sein, da bin ich mir ziemlich sicher. Und schließlich ließ sich August auch noch alle Zähne ziehen, weil man damals dachte, sie seien die Ursache vieler Krankheiten. Zum Glück sind die Ärzte heute nicht mehr so rabiat. Stellt euch also August vor, wie er wahrscheinlich in Echt aussah: mit einem dicken Bauch, Pockennarben im Gesicht und ohne Zähne. Toll, was?

# …und warum er trotzdem »der Starke« genannt wurde

Sein Hofmaler, er hieß Louis de Silvestre und war ein berühmter Künstler, stellte August natürlich ganz anders dar. Genau das war auch seine Aufgabe, denn ein Bild musste dem König nicht unbedingt ähnlich sehen, sondern sollte möglichst glanzvoll seine Macht herausstreichen. Auf dem Gemälde von 1718, das ihr hier seht, ist August 48 Jahre alt: ein stattlicher Mann in straffer Haltung und militärischer Rüstung mit entschlossenem, gebieterischem Blick. Heute werden ja Politiker und berühmte Leute immer mal auch in Momenten fotografiert, in denen sie gerade ein bisschen peinlich gucken. August konnte so was nicht passieren, schließlich gab es noch keine Kameras und schon gar keine Fotografen, die ihn erwischen konnten, wenn er gedankenverloren in der Nase bohrte oder im Bademantel durchs Schloss schlurfte. Nein, ich sage euch, das Bild, das ihr hier vor euch habt, ist bis in die kleinste Einzelheit gestellt. Deshalb müsst ihr ganz genau hinschauen: Fast alles, was man sieht, hat eine besondere Bedeutung. Zum Beispiel liegen so wichtige Dinge wie die Krone, der Reichsapfel (das ist die goldene Kugel mit dem Kreuz drauf) und das Kurschwert einfach so rum. Dabei waren das die Kennzeichen seiner Macht. Ihr wollt wissen, was er damit bezweckte? Wahrscheinlich wollte er damit zeigen, dass selbst solche Sachen für ihn ganz normaler Alltagskram waren. Deswegen stützt er seinen Arm auch so locker auf das Zepter, das vierte wichtige Zeichen seiner Macht. Wir sollen eben denken, dass für ihn das Regieren eine völlig selbstverständliche Angelegenheit ist und dass er es gewohnt ist zu befehlen. Ganz schön raffiniert.

So hat der Hofmaler August den Starken dargestellt.

Rüstung
Reichsapfel
Schwert
Zepter
polnischer
Orden
Krone
Helm
Eisenhandschuhe

Aus demselben Grund, das vermute ich jedenfalls, gab es auch allerlei unglaubliche Geschichten über die Kraft des Königs. Angeblich soll er massive Silberteller wie Papier zusammengerollt und ein Kanonenrohr mit nur einem Finger hochgehoben haben. Es gibt sogar noch ein Hufeisen, das er im Jahr 1711 mit bloßen Händen zerbrochen haben soll. Also, ich glaube das ja nicht. Wahrscheinlich hat er da ein bisschen geschummelt und das Eisen irgendwie angesägt, damit es leichter kaputtgeht.

Manches haben die Leute auch dazuerfunden, wie die Geschichte vom Daumenabdruck des Königs am Geländer der Brühlschen Terrasse in Dresden. Zwar gibt es dort, gegenüber dem Denkmal für Friedrich Böttger, zur Synagoge hin gelegen, eine daumengroße Delle im Handlauf. Die Brüstung wurde aber erst 1745, zwölf Jahre nach Augusts Tod, angebracht und inzwischen womöglich noch mal erneuert. Der Daumenabdruck kann dann ja wohl schlecht von ihm sein, oder?

Dieses Hufeisen soll August zerbrochen haben. Die Urkunde bestätigt das sogar.

# Der Staat, das bin doch ich, oder?

August pflegte diesen Ruf als Kraftmensch, ließ eindrucksvolle Bilder von sich malen, feierte prächtige Feste, baute prunkvolle Schlösser und hatte viele Freundinnen (obwohl er eigentlich verheiratet war) oder Mätressen, wie man früher sagte.
Aber warum all das Getue? Abgesehen davon, dass es vielleicht angenehm für einen König ist, in einem schönen Schloss zu wohnen, dauernd hübsche Frauen zu treffen und ansonsten viel zu feiern, verfolgte August damit auch ein wichtiges politisches Ziel: Er zeigte auf diese Weise seine Macht. Obwohl es damals noch keine Demokratie gab, konnten andere Adlige, die den sogenannten Ständen angehörten, August nämlich dauernd in die Regierungsgeschäfte reinreden. Dabei ging es ihnen meist um ihren persönlichen Vorteil, was das Regieren ziemlich schwierig machte, weil der Staat und seine Aufgaben für die Gesellschaft manchmal aus dem Blick gerieten. Deshalb kamen einige Herrscher auf die Idee, dass möglichst nur ein Einziger die uneingeschränkte, »absolute« Macht haben sollte. Losgelöst von den Ständen, so dachten auch viele Gelehrte, könne der Herrscher seine Aufgaben viel besser erledigen. Für August war natürlich völlig klar, dass nur er für diesen Posten infrage kam. Aber wahrscheinlich wäre auch niemand auf die Idee gekommen, das anzuzweifeln, denn damals glaubte man, dass ein Mensch allein dadurch, dass er als Fürst geboren wurde, von Gott zum Herrscher bestimmt sei. Dagegen konnte man schlecht was sagen. (Nur so am Rande: Hat August dem lieben Gott nicht ganz schön unter die Arme gegriffen, als er in Polen König wurde?)

## Demokratie & Absolutismus

In einer Demokratie (also einer Volksherrschaft) ist die Macht auf mehrere Personen verteilt, im Absolutismus herrscht ein Mensch ganz allein. Die Regierung in einer Demokratie muss sich an die Gesetze halten, der Herrscher im Absolutismus kann ganz einfach seine eigenen Regeln aufstellen. In einer Demokratie gehen die Erwachsenen wählen und bestimmen damit, wer regieren darf. Im Absolutismus glaubte man daran, dass Gott den Herrscher bestimmt.

August hatte, wie viele andere Herrscher in dieser Zeit, ein großes Vorbild: den französischen König Ludwig XIV. Der hatte schon vorgemacht, wie man die Macht der lästigen Stände einschränkt und die ganze Hofkultur auf eine einzige Person, den König, ausrichtet. Er nannte sich »Sonnenkönig« (weil die Sonne der Mittelpunkt des Weltalls ist) und soll sogar solche Dinge gesagt haben wie »L' État c'est moi« – der Staat bin ich. Das klingt ganz schön eingebildet, aber August war begeistert. Der offizielle Begriff für diese Herrschaftsform heißt übrigens Absolutismus (wegen der absoluten, von den Ständen losgelösten Macht eines Alleinherrschers).

Ich muss sagen, ich finde diese Ideen ziemlich gefährlich. Denn was kann man tun, wenn ein böser oder unfähiger König an der Macht ist und auch noch behauptet, seine Macht sei gottgegeben? Wir haben es da heute besser: Ein Regierungschef bekommt seine Macht vom Volk, genauer gesagt, von allen Erwachsenen, die wählen dürfen. Außerdem muss er sich (im Gegensatz zu August) an alle Gesetze halten. Dann wird er auch noch dauernd kontrolliert, zum Beispiel vom Parlament (das heißt bei uns Bundestag und besteht aus fast 600 gewählten Leuten, die wichtige Entscheidungen

treffen und Gesetze beschließen). Was er (oder sie) so den Tag über macht, berichten die Zeitungen und die Nachrichtensendungen im Fernsehen. Meistens kann man's auch noch im Internet nachlesen. Wenn er (oder sie) ganz großen Blödsinn verzapft, gibt es jede Menge Ärger. Einige Regierungschefs haben auch schon ihren Job verloren und mussten zurücktreten. So etwas wäre für August natürlich gar nicht in Frage gekommen.

# Frauen

**1693**
Friedrich August heiratet Christiane Eberhardine.

**1696**
Friedrich Augusts Sohn wird geboren.

**1706**
Die Gräfin Cosel wird Mätresse des Königs.

**1716**
Friedrich August verbannt die Gräfin Cosel nach Stolpen.

**1765**
Gräfin Cosel stirbt im Alter von 85 Jahren auf Burg Stolpen.

# Die arme Eberhardine

Ich habe schon erzählt, dass August immer wieder Freundinnen hatte, ihr erinnert euch, die Mätressen. Allerdings war er seit 1693 auch verheiratet. Seine Frau war eine Prinzessin, sie hieß Christiane Eberhardine von Brandenburg-Bayreuth. Ach, ich kann euch sagen, die Geschichte dieser Ehe ist ganz schön traurig. Eberhardine hat schwer gejammert, und sie hatte allen Grund dazu. Über die Mätressen hat sie sich ja gar nicht so aufgeregt. Denn Könige und Prinzessinnen haben damals nicht geheiratet, weil sie sehr verliebt waren, sondern weil die Familien sich dadurch miteinander verbündeten. Klar, wenn man miteinander verwandt ist, fängt man zum Beispiel nicht so leicht Krieg gegeneinander an. Also, die Liebe war wohl nicht das Problem. Aber die arme Eberhardine hatte sich eine große Familie gewünscht, sie wollte am Hof eine gute Figur machen, Gäste empfangen und als Kurfürstin ihren Untertanen Gutes tun. Stattdessen saß sie einsam auf dem abgelegenen Schloss Hartenfels in Torgau. August war praktisch nie da, weil er in Warschau oder in Leipzig auf der Messe zu tun hatte, und ihre Rolle bei Hof übernahmen nacheinander die verschiedenen Mätressen. Eberhardine und August hatten nur ein gemeinsames Kind, das ihr der König dann auch noch wegnahm (Moment, ich glaube, ich brauche ein Taschentuch ...). Augusts Sohn also wurde 1696 geboren, und er hieß (na, das könnt ihr euch ja denken) Friedrich August wie sein Vater. Der kleine

So sah Augusts Sohn
mit etwa 20 Jahren aus.

Kurprinz blieb nur die ersten Jahre bei seiner Mutter, danach kam er an den Hof der Großmutter, die ein Schloss in der Nachbarschaft bewohnte. Seine ganze Erziehung war auf seine zukünftige Aufgabe als Kurfürst und König ausgerichtet. Mit 16 Jahren trat er auf Wunsch seines Vaters zum Katholizismus über (ich vermute, da hat sich seine Mutter wieder schrecklich aufgeregt, das hatte sie schon getan, als ihr Ehemann aus rein politischen Gründen den Glauben gewechselt hatte). Hier kann man wieder sehr gut sehen, dass August wirklich alles, sogar die eigene Familie, seinem Amt und seinem Machtstreben untergeordnet hat.

# Mätressen, Macht und Politik

Ihr werdet gleich sehen, dass das sogar für seine Geliebten galt. August hatte nacheinander elf verschiedene Mätressen. Fünf davon schenkten ihm insgesamt acht Kinder, vier Söhne und vier Töchter (neben dem Kronprinz hießen übrigens zwei weitere Söhne Friedrich August – stellt euch vor, ein Vater hat drei Kinder mit demselben Namen, also ich weiß ja nicht …). Eines will ich hier allerdings klarstellen: Dass August insgesamt 365 Kinder gezeugt haben soll, ist reine Legende. Bei Hofe wurde natürlich ganz schön getratscht. Und dabei kommen dann solche Geschichten raus.

Augusts bekannteste Mätresse ist Anna Constantia von Brockdorff, die Gräfin Cosel. Sie war eine besonders kluge und ehrgeizige Frau, die eigentlich nicht unbedingt Mätresse werden wollte (außerdem war sie bereits verheiratet). Sie fühlte sich aber geschmeichelt, dass der König sich in sie verliebt

Hier, im Taschenbergpalais, hat die Gräfin Cosel gewohnt …

hatte, und sie mochte ihn auch ganz gerne. Was sollte sie tun? Den Wunsch des Königs, sie als Mätresse zu haben, konnte sie nicht ablehnen. Seine Frau konnte sie aber auch nicht werden, denn verheiratet waren sie ja bereits beide. Mit großem Geschick rang sie ihm schließlich ein schriftliches Versprechen ab, sie als Kurfürstin und Königin anzuerkennen, falls Christiane Eberhardine sterben sollte. (Mal ganz im Vertrauen, schon hier hätte August merken können, dass seine zukünftige Geliebte knallhart verhandeln konnte.)

Sie verstand sich sozusagen als zweite Ehefrau, damals sagte man »zur linken Hand«. Übrigens: Auch zu Augusts Zeit war es nicht erlaubt, zwei Ehefrauen zu haben, nicht mal für einen König. Aber da August es sich nun einmal in den Kopf gesetzt hatte, mussten die Wissenschaftler und Juristen (also diejenigen, die sich richtig gut mit den Gesetzen auskennen) sich Gründe überlegen, warum es in diesem Fall ausnahmsweise doch erlaubt war. So funktioniert das, wenn sich ein absolutistischer Herrscher seine eigenen Gesetze macht.

Als die beiden sich geeinigt hatten, ließ der König ihr 1706 erst einmal eine angemessene Residenz bauen: das Taschenbergpalais. Aus der weitläufigen Eingangshalle führten vier große Treppenanlagen zu den eindrucksvollen Räumen in den Obergeschossen, wo die Gräfin ihre Gäste empfing. Also, ich sage euch, die Ausstattung muss so was von edel gewesen sein, ich habe von einem »Goldenen Kabinett« und von »vergoldeten Möbeln« gelesen. Heute ist im Taschenbergpalais eines der nobelsten Dresdner Hotels untergebracht, man kann ziemlich fein Kaffee trinken gehen (wenn man so was mag) oder, wenn man es sich leisten kann, auch dort übernachten. Die Gräfin Cosel hatte natürlich das ganze Gebäude für sich und ihre Bediensteten. Außerdem schenkte August ihr das Rittergut in Pillnitz, wo zu dieser Zeit ein stattliches altes Schloss stand.

Als regierende Mätresse war es ihre Aufgabe, Hof zu halten und selbst Feste zu geben. Das konnte sie richtig gut. Sie war eine glänzende Gastgeberin, die immer elegant gekleidet war und geistreiche Unterhaltungen zu führen wusste. Was eine geistreiche Unterhaltung ist, wollt ihr wissen? Tja, das ist ein kluges und witziges Gespräch, das alle Zuhörer und Beteiligten genießen. Das war wichtig bei den Festen. Es kamen viele Leute, die sich nicht so gut kannten, und es ist ganz schön schwierig, ein Gespräch zu führen, wenn man über den anderen fast nichts weiß, alle Themen vermeiden muss, über die sich möglicherweise jemand ärgern würde, und nicht mal direkt nach privaten Angelegenheiten fragen darf. Was soll man da sagen? Die Gräfin konnte das, sie fand immer einen Gesprächsstoff,

...und hier, auf Burg Stolpen, hat man sie gefangen gehalten.

der interessant war und mit dem sie niemandem auf den Schlips trat (wobei es Schlipse natürlich noch nicht gab ...).

Es war also alles in allem zu schön, um wahr zu sein. Klar, dass das nicht lange gut gehen konnte. Die Gräfin war eine kluge Frau, die sich nicht den Mund verbieten ließ. Dummerweise passte es August gar nicht, dass sie sich auch in die Politik einmischte. Zum Beispiel sagte sie ihm, dass sie gegen den Übertritt des Kurprinzen zum katholischen Glauben sei. Etwas später hatte sie auch noch eine andere Meinung zu einem typischen »Männerthema«, dem Krieg mit Schweden. August hatte ihn angefangen, die Cosel war dagegen. Als sie auch noch versuchte, den König durch Drohungen und Erpressungen an sich zu binden, verbannte er sie 1716, nachdem sie elf Jahre lang seine Geliebte gewesen war und ihm drei Kinder geboren hatte, auf die Burg Stolpen. Dort lebte sie noch fast fünfzig Jahre bis zu ihrem Tod wie eine Gefangene. Ihr Vermögen und ihr Landgut in Pillnitz wurden ihr weggenommen, und Augusts Sohn, der Kronprinz, bekam das Taschenbergpalais.

Auf Stolpen überlebte die Gräfin Cosel den König und sogar seinen Sohn. Aber selbst als es niemanden mehr gab, der ihre Gefangenschaft verlangte, wollte keiner die Verantwortung für ihre Freilassung übernehmen. Vielleicht fragt ihr euch jetzt: Warum haben sich die bis dahin erwachsenen Kinder der Gräfin nicht um die Befreiung ihrer Mutter bemüht? Warum wurde sie nie vor ein Gericht gestellt? Warum war der König so unerbittlich, ja geradezu gemein? Einmal kam er zum Beispiel nach Stolpen, aber er besuchte sie gar nicht. Stattdessen probierte er eine neue Kanone aus (was er ebenso gut in Dresden hätte tun können). Wisst ihr, was ich denke? Er wollte mal wieder seine Macht zeigen. Offenbar hat die Gräfin durch ihre aufmüpfige Art und dadurch, dass sie die Entscheidungen des Königs in Frage stellte, seinem Ansehen und seinem Machtanspruch geschadet. Sie hat damit die Grundlage der königlichen Macht erschüttert, das war wohl das Gefährliche an ihr. Ich finde das ein bisschen seltsam, aber August war eben ein absolutistischer König. Ich hab's ja schon gesagt, das mit dem Absolutismus hatte auch seine Nachteile. Die bekam die Gräfin nun in aller Härte zu spüren. Sie war dem König, der alle Macht in seiner Person vereinigte, gänzlich ausgeliefert. Und niemand traute sich, etwas dagegen zu unternehmen, nicht einmal nach seinem Tod.

August hatte nach der Gräfin Cosel noch weitere Mätressen. Aber man kann auch was Nettes über ihn sagen: Selbst wenn diese Beziehungen auseinandergingen, hat er immer sehr gut für seine unehelichen Kinder gesorgt. Seinen Söhnen verschaffte er gute Stellungen bei Hof, und seine Töchter verheiratete er mit reichen und mächtigen Männern (leider gab es damals für adelige Töchter nicht besonders viele spannende Berufe ...).

# Zur Party aufs Schloss

Mit sagenhaften Festen gelang es August, seinen Anspruch als Alleinherrscher zu festigen und die Macht seiner politischen Gegner, der polnischen und der sächsischen Stände, wenigstens etwas einzuschränken. Als Organisator und Hauptperson eines Festes konnte er zeigen, dass er weit über denen stand, die seine Macht in Frage stellten oder ihm dauernd ins Regieren reinredeten. Gleichzeitig waren die grandiosen Feierlichkeiten mit ihrem Prunk und ihren Spielen dazu gedacht, seine Gegner zu besänftigen. Und das funktionierte so:

August gab diesen Adligen wichtige Aufgaben bei den Festen und am Hof selbst. So hatten sie das Gefühl, dass sie an all diesem Glanz, dem Reichtum und der Macht teilhatten. Viele merkten gar nicht, dass sie mehr damit beschäftigt waren, für sich und ihre Familie feine Kleider auszuwählen und ihren Rausch auszuschlafen, als Einfluss auf die Politik zu nehmen. Stattdessen waren sie stolz, dass sie zum Beispiel als Läufer im Damenringrennen die kostbar geschmückte Kutsche einer Hofdame begleiten durften. Raffiniert.

August der Starke merkte bald, dass er mit diesen Feiern seine politischen Ziele besonders gut durchsetzen konnte und betrieb immer größeren Aufwand. Gleichzeitig wurden bei den Festen auch große Politik gemacht, freundschaftliche Bündnisse vertieft und neue Abkommen geschlossen.

Ich finde das ganz schön schlau. Während nämlich der König aus dem Nachbarland Preußen sein ganzes Geld in seine Armee, in Rüstungsausgaben und Kanonen steckte, gab August der Starke ein Vermögen für Feste aus. Das hört sich doch toll an, wenn man lieber feiert statt mit Kanonen zu schießen. Allerdings waren die Feiern wohl nicht halb so lustig, wie es klingt. Vermutlich waren sie sogar ziemlich anstrengend, weil alles bis ins kleinste Detail vorgeschrieben war. August hatte bei den Spielen natürlich immer die beste Rolle, die anderen mussten das tun, was er wollte. Schließlich spielte er nicht, damit alle ihren Spaß hatten, sondern um für mächtig gehalten zu werden. So ein Fest beim König müsst ihr euch ungefähr so wie eine sehr offizielle Familienfeier vorstellen. Wer zum Beispiel schon mal bei einer Hochzeit war, wo man zuerst in der Kirche, dann beim Mittagessen, beim Kaffeetrinken und schließlich beim Abendessen in schönen Kleidern stundenlang still sitzen musste und nichts weiter tun durfte, als sich nicht bekleckern, weiß, was ich meine.

# Schätze

**1700**
bis 1721
Nordischer Krieg

**1701**
Großbrand
im Dresdner
Schloss

**1708**
Der Hofstaat zu Delhi
wird fertiggestellt.

**1710**
Die Porzellanmanufaktur
in Meißen wird eingerichtet.

# Der König in Geldnöten

Aber Feste feiern allein genügte nicht. Auch die Residenz musste modernisiert und so ausgebaut werden, dass sie einem absolutistischen Fürsten angemessen war. Da nun August der Starke gleichzeitig Kurfürst von Sachsen und König in Polen war, hatte er auch zwei Residenzen, eine in Dresden und eine in Warschau. Damit war er einer der wichtigsten Männer in Europa, und das wollte er auch zeigen: Schon seit seiner Königskrönung wollte er die Schlösser in beiden Städten so erweitern, dass sie seinem neuen Stand entsprachen. Seine Architekten ließ er dafür riesige Entwürfe anfertigen. Solche Schlösser zu bauen kostete allerdings furchtbar viel Geld. Außerdem gab es auch noch andere Probleme. Die größte Schwierigkeit war dieser Krieg, den er dummerweise anfangen musste, weil er allerlei Versprechungen gemacht hatte, um die polnische Königskrone zu bekommen (ihr erinnert euch, auf diese Weise hatte er die Mächtigen in Polen überzeugt, ihn zu wählen). Jedenfalls hatte August der Starke sich vor seiner Wahl verpflichtet, von den Schweden besetzte Gebiete zurückzuerobern. Deshalb verbündete er sich mit Dänemark und Russland und zog in den Krieg gegen die Schweden (man spricht heute vom Nordischen Krieg, er dauerte von 1700

Der ziemlich pompöse Entwurf für das Warschauer Schloss

bis 1721). Der Krieg lief schlecht für August. Der schwedische König Karl XII., gut zehn Jahre jünger als er selbst, erst seit wenigen Jahren an der Macht und noch dazu sein eigener Cousin, besiegte die Verbündeten und zwang August, 1706 auf die polnische Krone zu verzichten.

Für so jemanden wie August den Starken muss das schrecklich gewesen sein, denke ich. Bestimmt bekam er einen Wutanfall nach dem andern. Er hatte ja auch wirklich großes Pech: Um polnischer König zu werden, hatte er enorm viel Geld ausgegeben. Und nun war die Krone weg und das Geld auch. Im Nordischen Krieg, in den er aufgrund seines Versprechens den Polen gegenüber gezogen war, hatte er eine Niederlage nach der anderen erlitten. Krieg führen kostete Geld, das er nicht hatte. Aber es kam noch schlimmer: Schon 1701 waren bei einem Großbrand des Dresdner Schlosses viele Räume verwüstet worden. Es war zum Haare-Raufen, zum Perücke-in-die-Ecke-Knallen: Während überall in Europa größere und kleinere Fürsten und Herzöge die schönsten Herrensitze bauten, saß August in einem abgebrannten Schloss, hatte mehrere Schlachten und seine Königskrone verloren, und Geld hatte er auch keins mehr. Er musste daher unbedingt zeigen, dass er, auch ohne in Polen regieren zu dürfen, noch immer ein richtiger König war, er musste im Gespräch bleiben. Eine Lösung musste her.

# Der Goldmacher und sein Geheimnis

Ihr werdet denken, jetzt erzähle ich Märchen, aber ob ihr's glaubt oder nicht: Der König setzte seine Hoffnungen auf einen Goldmacher. Wenn es gelänge, echtes Gold herzustellen, wäre er endlich seine ganzen Sorgen los, dachte er (klingt wie Rumpelstilzchen, geht aber anders aus). 1706 wusste man eigentlich schon längst (genauer gesagt, seit 1530), dass man aus Blei oder Kupfer kein Gold machen kann, doch es gab nach wie vor allerlei Abenteurer und Schwindler, die behaupteten, das »Arcanum«, das Geheimnis der Goldmacherei zu besitzen. Einer von ihnen war Johann Friedrich Böttger. Er hatte das Goldmachen schon in Preußen versucht und nicht geschafft, weshalb ihn der preußische König verfolgen ließ. August rettete ihn und ließ ihn nach Dresden bringen, wo er weiter versuchen sollte, das Edelmetall herzustellen.

Links seht ihr Herrn Böttger, den Goldsucher, und oben Herrn von Tschirnhaus, den Gelehrten.

Ihr könnt euch denken, dass ihm das nicht gelungen ist. (Heute wäre es übrigens theoretisch möglich, es ist aber furchtbar aufwendig, und man braucht so viel Energie dazu, wie man sie nur in einem Atomkraftwerk erzeugen kann. Das lohnt sich nicht, da kann man auch gleich richtiges Gold kaufen.) Doch er traf mit dem Gelehrten Ehrenfried Walter von Tschirnhaus zusammen, der auch chemische Experimente machte, weil er Porzellan herstellen wollte. Das gab es damals nur in China, doch reiche Leute wollten unbedingt so eine exotische Kostbarkeit haben. Den beiden gelang es tatsächlich, einen Stoff herzustellen, der so fein war wie chinesisches Porzellan. Allerdings war er noch nicht so schön weiß, eher rötlich oder gelblich. Trotzdem war diese Entdeckung im wahrsten Sinne des Wortes Gold wert. August merkte gleich, dass sich mit dieser

Seht ihr die Risse im Fuß der Vase? Da gab's wohl noch Probleme beim Brennen des Porzellans …

Erfindung Geld verdienen ließ, und richtete 1710 in der Meißner Albrechtsburg eine Manufaktur ein. Bald danach gelang es, weißes Porzellan herzustellen, das die gleiche Qualität hatte wie das chinesische. Das »weiße Gold« wurde in ganz Europa verkauft. Noch heute ist Meissener Porzellan eines der wertvollsten auf der Welt (wenn Kinder es anfassen, schreien deshalb immer alle: »Nicht runterfallen lassen, das ist ein Vermögen wert«).

# Gold und Diamanten

Schon einige Jahre bevor August der Starke sich mit dem Goldmacher Böttger traf, hatte der Juwelier Johann Melchior Dinglinger (1684 – 1731) dem König einen interessanten Vorschlag gemacht. Er wusste, dass August nicht nur prachtvolle Schlösser, grandiose Feste und das hochmoderne Porzellan liebte, sondern auch kostbaren Schmuck und edle Gerätschaften. Deshalb bot er ihm an, ein ganz besonderes Werk für ihn zu schaffen, etwas, das die Welt noch nie gesehen hatte: ein zusammenpassendes Geschirr, ein Service aus den feinsten Materialien für Kaffee oder Tee. – Was daran außergewöhnlich sein soll? Ihr müsst euch vorstellen, dass Kaffee und Tee damals ganz besondere, exotische Getränke waren, die man in Europa noch gar nicht so lange kannte. Kaffeebohnen und Teeblätter wurden aus fernen Ländern auf langen, abenteuerlichen Seereisen hierher transportiert. Wer reich und mächtig war, wollte diesen teuren Trend mitmachen.

Dinglinger beschrieb dem König in allen Einzelheiten, wie das Service aussehen würde: aus kostbarstem Gold, vergoldetem Silber, Kristallglas, mit feinen aufgeschmolzenen Glasmalereien, sogenannten Emails (das hat nichts mit E-Mails zu tun!), Elfenbeinschnitzereien und mehr als 3500 Diamanten. Ehrlich gesagt, benutzen konnte man die Sachen nicht. Hätte man etwas Heißes in die Kanne gefüllt, wäre die kunstvolle Emaillierung zersprungen. Aber darum ging es August gar nicht.

Er war geblendet. Ein solches Service war noch viel schöner als die Tafelaufsätze, die gerade am französischen Hof so ungeheuer modern waren – das sind prunkvolle Gestelle für Salz-, Senf- und Zuckergefäße oder für Essig- und Ölfläschchen. Und Dinglinger erwähnte geschickt, dass so ein feines Goldgeschirr nicht einmal der französische König besitzen würde. (Ich glaube ja, dass das für August das Wichtigste war.)

Tja, und wenn man angeben wollte, was August bekanntlich gerne tat, dann war so ein Kaffeeservice immerhin deutlich billiger als ein Schloss. Ein Schnäppchen war es trotzdem nicht, sollte es doch 50 000 Taler kosten (zum Vergleich: Dinglinger hatte sein eigenes Wohn- und Werkstatthaus erst wenige Jahre zuvor für 4000 Taler gekauft). Außerdem handelte der König mit dem Juwelier aus, dass er erst bezahlen musste, wenn das teure Service fertig war. 1701 war es so weit, Dinglinger übergab feierlich das »Goldene Kaffeezeug«. Nach und nach wollte der König den Kaufpreis bezahlen, aber in den nächsten Jahren wurde seine finanzielle Lage immer schwieriger, und die Raten (die Teilbeträge, die der König zahlte) für das Kaffeezeug gerieten immer kleiner. Bis 1711 hatte Dinglinger nur 40 000 Taler bekommen – ob er die restlichen 10 000 irgendwann noch erhielt, weiß kein Mensch.

# Der Geburtstag des Großmoguls

Dass der König sich gar keine neuen Schätze leisten konnte, hinderte Dinglinger aber nicht daran, ein weiteres Großprojekt in Angriff zu nehmen: den »Hofstaat zu Delhi am Geburtstag des Großmoguls Aureng-Zeb«. Das klingt doch wie in den Märchen aus 1001 Nacht. Was ein Großmogul ist? Das war auch ein Fürst, sozusagen ein Amtskollege von August dem Starken. Er hieß Aureng-Zeb (manche schreiben auch Aurangzeb) und regierte in Indien.

Die neue Arbeit des Juweliers war wie eine Puppenstube, die in Silber, Gold und Edelsteinen die pompösen Geburtstagsfeierlichkeiten dieses fernöstlichen Herrschers darstellte. Was hat August der Starke bloß damit gemacht?, fragt ihr euch jetzt wahrscheinlich. Denn natürlich hatte er nicht vor, mit Püppchen zu spielen. Also, ich denke, der Großmogul war für August auch ein Vorbild, ähnlich wie der französische König. Denn Aureng-Zeb galt als das mächtigste und reichste Staatsoberhaupt der Welt. Er war der Alleinherrscher eines unglaublich großen Landes, Herr über die einzig damals bekannten Diamantvorkommen. Gewürze und andere exotische Kostbarkeiten wurden in seinem Reich produziert. Für die Europäer war das unvorstellbar weit entfernte Indien wie

ein Märchenland. (Unter uns: So toll war es bestimmt nicht. Denn in Wirklichkeit schlug sich der Großmogul damals mit ganz ähnlichen Problemen herum wie August. Sein riesiges Reich war schwer zu regieren, außerdem war der Staat fast bankrott. Aber in Europa wusste das natürlich keiner.)

Die festlichen Bräuche am indischen Hof erreichten, so erzählte man sich, ihren Höhepunkt im alljährlichen Geburtstagsfest des Großmoguls, der sich zu diesem Anlass fast wie ein Gott feiern ließ. Zuerst wurde angeblich der Herrscher mit Gold und Silber aufgewogen. Ihr müsst euch das so vorstellen: Der Großmogul sitzt auf der einen Seite einer großen Waage, und seine Diener schichten so lange Schätze auf die andere Seite, bis beide Hälften gleich schwer sind. Verrückt oder? Anschließend erwartete er, dass seine Untertanen ihn beglückwünschten und ihm prächtige Geschenke überreichten. Angeregt von den Reiseberichten ließ der findige Juwelier also einen Traum wahr werden und baute einen solchen Tag mit seinen kostbarsten Materialien im Modell nach. Dabei hielt er sich nicht nur an die überlieferten Beschreibungen, er erfand manches auch dazu. Ich finde, man kann diese goldene Puppenstube stundenlang anschauen und findet immer wieder etwas Neues. Am besten, ihr seht sie euch mal selber an. Acht Jahre brauchten der Juwelier und seine Goldschmiede, bis die Kostbarkeit 1708 endlich fertig war. 60 000 Taler bezahlte der König am Ende für das gute Stück, genauso viel wie für das gesamte Rittergut Pillnitz, das er zwei Jahre zuvor der Gräfin Cosel geschenkt hatte.

Wie aber konnte August in Zeiten knapper Kassen so teure Ausgaben rechtfertigen? Also, ich finde ja, er hat eigentlich sein Geld ganz klug eingesetzt: Anstatt einen Schlossbau in Angriff zu nehmen, der während der jahrelangen Bauzeit nur neue Kosten verursacht und zunächst keinen Nutzen gebracht hätte, kaufte er wertvolle Wunderdinge, die ihm vom ersten Taler an Achtung einbrachten. Immerhin musste der Juwelier die Kosten für Gold, Edelsteine und die Löhne für seine Mitarbeiter viele Jahre vorstrecken. Als 1709 der dänische König zu Besuch kam, den August für ein erneutes Bündnis gegen die Schweden gewinnen wollte, konnte er ihn jedenfalls mit noch nie da gewesenen Kostbarkeiten beeindrucken. Die schönsten Gemälde und die herrlichsten Kunstgegenstände stellte er im Schloss und im Palais seiner Mätresse aus, so dass jeder schon beim Betreten der fürstlichen Räume vom Glanz seines Reichtums geblendet war. Zugleich hielt er sich die Möglichkeit, einen eindrucksvollen Schlossneubau zu errichten, immer offen.

In der Mitte auf dem Thron sitzt der Großmogul. Allein dieser Stein kostete 4000 Taler, so viel wie Dinglingers Wohnhaus mit Werkstatt!

# Schlösser

**1711**
Friedrich August vertritt den Kaiser.

**1719**
Der Königssohn heiratet.

**1725**
Das Grüne Gewölbe wird fertiggestellt.

**1726**
Grundsteinlegung der Frauenkirche

**1733**
Friedrich August stirbt.

# August stellt die Stadt auf den Kopf

Ab 1709 ging es wieder langsam aufwärts mit August dem Starken. In diesem Jahr bekam er das Königreich Polen zurück, und Johann Friedrich Böttgers Versuche, Gold herzustellen, zeigten erste Erfolge. Ich vermute, dass vor allem das Jahr 1711 genau nach den königlichen Vorstellungen verlief. Für kurze Zeit durfte der König da nämlich gemeinsam mit einem anderen den Kaiser des Deutschen Reiches vertreten. Der richtige Kaiser, Joseph I., war gestorben, und August war einer der beiden sogenannten Reichsvikare – Stellvertreter, die das Reich bis zur Wahl eines neuen Kaisers regierten. Es war wieder mehr Geld in den Kassen, und August konnte sich verstärkt Projekten widmen, die er lange hatte zurückstellen müssen: den Schlossneubauten in Dresden und Warschau.

In Warschau plante er gleich die halbe Stadt um. Große Ländereien und mehrere Palais kaufte er auf, um sie neu gestalten zu lassen. Riesige Gartenanlagen sollten entstehen. Auch mit der Dresdner Residenz hatte August große Pläne. Er zeichnete selbst Skizzen und schickte seinen Landbaumeister nach Prag, Wien und Rom. Dort sollte er moderne Baukunst studieren. Der neueste Trend im Schlossbau, so stellte sich heraus, war eine Orangerie.

Der Dresdner Zwinger von oben

Prompt wollte August so etwas auch haben. Es war nämlich modern geworden, Orangen, Granatäpfel und Feigen anzupflanzen. Diese Gewächse gedeihen eigentlich nur südlich der Alpen, zum Beispiel in Italien. Die frostigen Winter in Dresden (oder gar in Warschau) waren viel zu kalt für diese empfindlichen Pflanzen. Also zimmerte man hölzerne Schutzhütten, die im Frühjahr wieder abgebrochen wurden. Das war erstens mühsam und sah zweitens nicht besonders toll aus. Deshalb fing man nun an, schöne Gebäude mit großen Fenstern zu bauen (damit es die Orangen auch schön hell hatten). August stellte sich eine solche Orangerie im Garten seines neuen Schlosses wundervoll vor.

So war der Zwinger geplant. Sieht heute etwas anders aus, oder?

Für dieses Projekt bot sich der freie Raum auf dem Gelände des Zwingers an. So hieß das unbebaute Areal in der Nähe des Schlosses, das als Festplatz für die verschiedensten Vergnügungen des Hofes diente. Zwinger nannte man ursprünglich den Raum zwischen der inneren und der äußeren Ringmauer einer mittelalterlichen Stadt- oder Burgbefestigung. Es war gewissermaßen eine Falle, in die der Feind tappte, sollte er die äußere Befestigungsmauer überwunden haben. Dann saß er nämlich unten im Graben, und man konnte ihn von der inneren Mauer aus ganz bequem bekämpfen. Gern wurden dort auch Bären gehalten, die im Ernstfall den Eindringlingen gefährlich werden konnten. (Deswegen heißt der Käfig für Bären und andere Raubtiere Zwinger. Heute hält sich ja fast niemand mehr Löwen oder Bären, es gibt nur noch harmlose Hundezwinger.)

# Wasserspiele und kichernde Hofdamen

Auf diesem Zwingergelände wurden regelmäßig große Feste veranstaltet. Dafür baute man hölzerne Tribünen, die man abtrug, sobald sie nicht mehr gebraucht wurden. Anlässlich der Feierlichkeiten zu seiner Königskrönung beispielsweise ließ August ein ovales hölzernes Amphitheater (also ein Theater unter freiem Himmel mit ansteigenden Sitzreihen) errichten. Für den Besuch des dänischen Königspaares im Jahr 1709 baute man sogar eine ziemlich aufwändige Festarchitektur aus Holz, so dass es aussah, als würden dort echte Gebäude aus Stein stehen. Die Holzbauten waren farbig bemalt und teils reich vergoldet. (Ist ja klar, nachdem der dänische König den goldenen Hofstaat von Aureng-Zeb bewundert hatte, konnte man ihm schlecht mit Bretterbuden kommen.)

Seht ihr die grün und golden bemalten Holzbauten?

Der Architekt, Matthäus Daniel Pöppelmann, schlug vor, nun eine solche Festarchitektur aus Stein zu errichten und sie zugleich mit der neuartigen Orangerie zu verbinden. Das überzeugte August, und er ließ 1711 das erste Gebäude errichten. Die halbrunde Orangerie befand sich am Wall, dem äußersten Ende des Zwingers. Zwei Speise-, Spiel- und Tanzsäle entstanden in den beiden Pavillons, die die Orangerie abschlossen. Hinter dem einen lag eine »Grotte«, noch so eine moderne Erfindung, die der Architekt sich in Italien abgeschaut hatte: eine Art künstliche Tropfsteinhöhle unter freiem Himmel mit verschiedenen Wasserspielen. Geschmückt ist dieser Raum mit sagenhaften Wassergestalten, sogenannten Nymphen, die unter der Leitung des Bildhauers Balthasar Permoser von verschiedenen Künstlern aus Stein gehauen wurden. Wegen dieser Figuren wird die Grotte auch »Nymphenbad« genannt. Ich glaube, das war eine Neuheit ganz nach Augusts Geschmack: Während eines Festes konnten sich die Gäste erfrischen und am Wasser erfreuen, dort konnten sie aber auch plötzlich nass gespritzt oder von einem »Wassergitter« gefangen werden. Sogar August selbst soll sich hin und wieder einige derbe Scherze mit den feinen Herrschaften erlaubt haben. Es muss lustig gewesen sein, wenn kichernden Hofdamen, die gerade noch vornehm den Weg entlanggeschritten waren, durch eine versteckte Düse Wasser unter den Reifrock gespritzt wurde, oder wenn ein Höfling ein symbolisches Lösegeld zahlen musste, um trockenen Fußes die Grotte verlassen zu können. Noch heute ist dieser Ort ein wunderbar kühles Plätzchen. Auch einige Wasserspiele gibt es noch; diese neckischen Installationen allerdings, mit denen man Leute ärgern konnte, sind nicht erhalten. Schade.

Links seht ihr Herrn Pöppelmann, den Architekten, und oben Herrn Permoser, den Bildhauer.

Einmal in Schwung, plante August gleich den nächsten Bauabschnitt des Zwingers. Direkt auf der äußeren Stadtmauer sollten die Langgalerien und ein mächtiges Tor, das Kronentor, errichtet werden. August sah es schon vor sich: Wie ein Triumphbogen sollte es in der Hauptachse des Schlosses einen Ehrenhof öffnen. Die Sicherheitsberater und Militärs des Königs schlugen die Hände über dem Kopf zusammen. Sie fürchteten, dass, wenn der Wall durchbrochen würde und sich direkt auf der Stadtbefestigung massive Bauwerke befänden, die Stadt nicht mehr wirkungsvoll verteidigt werden könnte. Der König wischte jedoch alle Bedenken vom Tisch und ließ Langgalerien und Kronentor bauen. Das Kronentor ist heute einer der künstlerischen Höhepunkte, denen der Zwinger seinen Weltruhm verdankt. Mindestens genauso fantastisch ist der Wallpavillon. Neulich habe ich ihn mir mal ganz aus der Nähe angeschaut. Ich sage euch, es sieht aus, als würden aus dem Stein körbeweise Blüten und Früchte wachsen und wunderliche Figuren auf dem Mauerwerk turnen und tanzen: bärenstarke Träger, stattliche Krieger, zarte musizierende Damen und ausgelassen spielende Kinder.

Als das Kronentor, der Wallpavillon und die anschließenden Galerien fertig waren, stand die Hochzeit seines Sohnes, des Kronprinzen, bevor. Wo sollte August bloß feiern? Das alte Schloss war durch den Brand noch halb zerstört, die neue Orangerie längst nicht fertig, ganz zu schweigen von den Gärten und dem großen neuen Schloss. Aber für die offiziellen Zeremonien mit all den wichtigen Gästen wurden entsprechend prächtige Räume benötigt, denn eine Prinzenhochzeit war ein politisches Ereignis, das mit verschwenderischem Aufwand gefeiert werden musste. Und die Hochzeit seines Sohnes war für August sicherlich das bedeutendste Fest überhaupt. Denn sein Ältester sollte die österreichische Kaisertochter Maria Josepha heiraten und auf diese Weise eine enge Familienbeziehung zum Kaiser knüpfen. Die beiden hatten sich natürlich nicht zufällig kennengelernt. Nach vielen politischen Verhandlungen war diese Hochzeit verabredet worden. Nach Liebe fragte damals kein Mensch. August rieb sich schon vor Freude die Hände, denn die Kaiserkrone rückte für ihn in nächste Nähe. Warum sollte der polnische König nicht auch Kaiser werden? 1711 hatte er das Reich als Reichsvikar ja schon einmal regiert (wenn auch nur vorübergehend und als Stellvertreter gemeinsam mit dem pfälzischen Kurfürsten)!
Wie auch immer, dieses Fest musste so gestaltet werden, dass es eines künftigen Kaisers würdig war, koste es, was es wolle.

# Die Hochzeit des Königssohnes

Für die an große Feierlichkeiten gewöhnten und daher sehr anspruchsvollen Gäste wollte August sich also für die bevorstehende Hochzeit etwas ganz Besonderes ausdenken. So schnell wie möglich mussten die begonnenen Bauarbeiten fertiggestellt und die weitreichenden Festvorbereitungen in Angriff genommen werden.

Für das Schloss besann sich der König auf eine schnelle Lösung; er ließ die abgebrannten Teile des alten Schlosses nach seinem Geschmack und zeitgemäßen Bedürfnissen wieder aufbauen.
Die Abfolge der Räumlichkeiten war raffiniert durchdacht. Das Hofzeremoniell bestimmte genau, bei welchen Gelegenheiten welche Personen bis zu welchem Zimmer vordringen durften, dabei kam dem Audienzgemach (das ist eine Art Empfangsraum) der höchste Rang unter allen zu. Es war von zentraler Bedeutung, wie viele Säle ein Besucher durchschreiten musste, um zum König – oder vielleicht nur zu einem seiner Beamten – vorgelassen zu werden: Je weiter er gelangte, umso mehr Einblick in den königlichen Lebensbereich wurde ihm zwar gewährt, gleichzeitig war aber auch der Weg viel länger, den er zurücklegen musste, bis er dann, eingeschüchtert und beeindruckt durch die vielen prunkvollen Gemächer, vor den König treten konnte. Kurz gesagt: Je unwichtiger ein Gast war,

Dieses Audienzgemach kann einen schon einschüchtern ...

umso länger ließ man ihn durch das Schloss laufen. Damit wollte der König zeigen, wie sehr er seinem Gast überlegen war. War der Geladene dagegen von hoher Herkunft, so konnte der König die Herabstufung wieder aufheben, indem er ihm entgegenging.

Leider sind im Zweiten Weltkrieg diese Räume zerstört worden. Aber einige davon sollen rekonstruiert werden, so die große Treppe, welche die Besucher hinaufschreiten mussten, das Turmzimmer, in dem vor verzierten Spiegeln silberne und goldene Prunkgefäße ausgestellt waren, das Audienzgemach und das Paradeschlafzimmer. Sobald sie fertiggestellt sind, werden wir, ohne den König vorher fragen zu müssen, ohne feierliches Zeremoniell und ohne einen Hofknicks, das Allerheiligste des Schlosses, das Audienzgemach, betreten können.

Was für ein hübsches Bilderbuch; aber ob sich die Gäste auf dem Bild erkennen konnten?

Nun aber zurück zu den Hochzeitsvorbereitungen: Auch die Arbeiten im Zwingerareal mussten so schnell wie möglich zu einem Abschluss gebracht werden. Der König ordnete an, die Bauten, die am Wall entstanden waren, zur Stadt zu noch einmal zu wiederholen, um eine symmetrische Anlage zu erhalten. Außerdem wurden ein Opernhaus (die Semperoper gab es damals ja noch nicht) und ein Redoutenhaus (das ist ein Ballhaus für große Tanzveranstaltungen) gebraucht. In hektischer Betriebsamkeit wurden die Galerien, Pavillons und Festhäuser errichtet. Das Bauwerk, das so viele verschiedene Funktionen erfüllen musste – Orangerie, Festsäle, Garten, Festplatz, auch Kunstsammlungen sollten später noch hier untergebracht werden – trug nun den Namen der Stelle, an der es sich befand: Zwinger. Und so wird es auch heute noch genannt.

Dieses große Projekt war allerdings bei der Hochzeit noch lange nicht fertig. Also baute man geschickt bemalte Holzdekorationen und provisorische Tribünen auf, die später wieder abgerissen wurden. Anders als heute war der Zwinger damals farbig bemalt: die steinernen Teile und die hölzernen Ergänzungen hellgrau oder -gelb mit blauen Dächern und vergoldeten Details. Die Baukosten stiegen ins Unermessliche, und die Handwerker, Künstler und Lieferanten mussten um ihren Lohn bangen. Aber bei dem großen Fest ließ man sich nichts davon anmerken, und August konnte mit einem der schönsten barocken Bauwerke glänzen, das die Welt bis dahin gesehen hatte. Ihr erinnert euch sicher daran, dass ich euch die Renaissance erklärt habe, stimmt's? Also, der Barock ist auch ein Baustil und kam nach der Renaissance. Die zur Erinnerung für die Gäste geschaffenen Stiche der Hochzeitsfeierlichkeiten (ihr müsst euch das wie ein Fotoalbum vorstellen, nur nicht mit Fotos, sondern mit schwarz-weißen Kupferstichen) zeigen den vollendeten Bauzustand mit all den Figuren, die zu diesem Zeitpunkt noch fehlten.

Aber das war noch nicht alles. Für die große Zahl der Gäste wurden Übernachtungsmöglichkeiten und weitere Festräume gebraucht, und dafür kaufte der König das sogenannte Holländische Palais auf der anderen Elbseite. Es war erst 1715, also vier Jahre vor dem Fest, neu errichtet und von einem holländischen Gesandten (also einem Vertreter der holländischen Regierung) bewohnt worden, daher auch der Name. Sein Garten sollte für die Feierlichkeiten genutzt und auf der Elbe ein großes Feuerwerk abgebrannt werden, das zusammen mit einer gespielten Seeschlacht wie ein Theaterstück inszeniert war und den Titel »Der Raub des Goldenen Vlieses« trug.

Findest du diesen verrückten Obstkorb auf dem Bild von Seite 41 wieder?

Außerdem präsentierte August voller Stolz während der Hochzeit im Holländischen Palais die Porzellansammlung. Ist das nicht irre, ein Gästehaus, das gleichzeitig Ausstellungsgebäude ist? Zum Glück war es der Manufaktur in Meißen pünktlich zu den großen Feierlichkeiten gelungen, weißes Porzellan herzustellen, das aussah wie die importierten chinesischen Stücke. Diese neue Errungenschaft musste natürlich gezeigt werden. Wie schon das Goldene Kaffeezeug und der Hofstaat des Großmoguls sollten die Schätze ausgestellt werden, um aus ihnen politischen Nutzen ziehen zu können. Wenn es gelänge, die österreichischen Gäste in besonderer Weise zu beeindrucken, so dachte August, ließen sie sich vielleicht davon überzeugen, dass der polnische König auch Kaiser werden musste. Als dann am 2. September 1719 das junge Paar, das bereits in Wien getraut worden war, in dem von 15 holländischen Jachten begleiteten Lustschiff Dresden erreichte, bildeten fürstliche Gäste, polnische Würdenträger und Adlige aus der ganzen Umgebung in einer zuvor genau festgelegten Ordnung eine Gasse vom Elbufer bis zum Schloss (Ich frage mich, wie lange vorher sie sich da wohl aufgestellt hatten?). Nach dem Gottesdienst durften die höchsten Gäste von goldenen Tellern speisen, und an den folgenden Tagen fanden an den verschiedenen Orten die unterschiedlichsten Feste statt: Karussellrennen auf dem Altmarkt, im Zwinger und im Großen Garten, jedes mit einem anderen Thema, so dass für den teilnehmenden Hofstaat und die Gäste die unterschiedlichsten Verkleidungen nötig waren. Eine Wasserjagd mit Prachtschiffen auf der Elbe, ein großes Fest mit Feuerwerk im neugekauften Holländischen Palais und dann in Moritzburg Jagden, Tierkämpfe und »Seeschlachten« auf den Schlossteichen. Außerdem fanden jeden Abend Tanzveranstaltungen, Theater- und Opernaufführungen statt (klingt fast ein bisschen anstrengend).

Einen ganzen Monat sollte das Spektakel dauern, und es wurde eines der glanzvollsten Festereignisse, das je in Europa stattgefunden hatte. Seine Pracht wurde überall in den höchsten Tönen gelobt, aber die Mittel des Königs waren bis auf den letzten Taler ausgegeben. Zwei Millionen Taler soll die Hochzeit gekostet haben. (Erinnert ihr euch: Für das ganze Rittergut Pillnitz, das der König seiner Gräfin Cosel geschenkt hat, musste er nur 60 000 Taler bezahlen. Die Hochzeit hat also so viel gekostet wie 33 Rittergüter!) Wie wir heute wissen, gelang es August trotz des grandiosen Festes doch nicht, Kaiser zu werden. Die kaiserliche Nachfolge wurde politisch anders geregelt, so dass er nicht mehr in Frage kam. Aber an dem Fest hat es bestimmt nicht gelegen, das war zweifellos prunkvoll genug!

# Vom Bauen besessen

Jedenfalls konnte August zufrieden sein. Er hatte gezeigt, dass er in der Lage war, ein wahrhaft kaiserliches Fest zu feiern. Durch die vielen Um- und Neubauten war die Dresdner Residenz nun außerdem perfekt ausgestattet für zukünftige Veranstaltungen: Mit dem Zwinger gab es eine eindrucksvolle Festarena, und im Holländischen Palais konnten ziemlich viele Gäste untergebracht werden – sie schauten über die Elbe direkt aufs Schloss. Der Große Garten vor den Toren der Stadt (das ist ein Park mit Sommerpalais, wo schon zu den Zeiten von Augusts Vater und Großvater gefeiert wurde) war hergerichtet und ein Teich angelegt worden. Und natürlich hatte der König auch ein Jagdschloss fürs Wochenende. Nach Moritzburg lud er hohe Persönlichkeiten ein, die sich dann mit Jagden und allerlei Spielen die Zeit vertrieben. Zum Beispiel stellten sie auf den Teichen (hab' ich ja schon erzählt) historische Seeschlachten nach. Das erscheint uns heute für erwachsene Leute vielleicht etwas albern. Augusts Gäste aber hatten viel Spaß.

Das Palais im Großen Garten

Dieses Bild zeigt eine sogenannte Lustschifffahrt in Moritzburg
mit Enten- und Gänsejagd. August erkennt man an der roten Jacke.

Allerdings hatte August ganz schön viel Geld ausgegeben. Die Kassen waren wieder einmal leer, dabei war der Zwinger ja noch gar nicht richtig fertig, und in Warschau standen auch allerlei angefangene Bauprojekte. Was aber machte unser König? Anstatt zu sparen und sich auf die begonnenen Vorhaben zu konzentrieren, träumte er davon, das ganze Dresdner Umland in eine paradiesische Schlösser-Landschaft zu verwandeln! In den zehn Jahren zwischen 1720 und 1730 plante er und ließ entwerfen, hatte immer wieder neue Ideen, und kaum war die eine im Bau, da hatte er schon das nächste Vorhaben im Sinn. Zuerst begann er in Pillnitz eine riesige, fernöstlich aussehende Schlossanlage mit einer Art Freizeitpark zu bauen. Dann kam sein Jagdschloss in Moritzburg dran, das er erweiterte und mit einem Teich umgab. Beides war noch nicht fertiggestellt, da kaufte er seinem Freund Wackerbarth ein Rittergut in Heidenau-Großsedlitz ab, um darauf seine Ideen von einer Gartenanlage auf unterschiedlichen Ebenen zu verwirklichen. Auch das Lustschloss in Übigau, hübsch an der Elbe gelegen und so schön mit Gondeln zu erreichen, verleibte sich der König ein. Die Präsentation des Porzellans im Holländischen Palais gefiel ihm so gut, dass er daran ging, das Haus zu einem prächtigen vierflügeligen »Porzellanschloss« im japanischen Stil erweitern zu lassen. Und damit nicht genug, sogar einen ganzen Stadtteil, die heutige Dresdner Neustadt, wollte er komplett nach seinen Plänen umbauen.

Also, ganz ehrlich, ich begreife nicht ganz, warum der König immer neue Projekte anfing und eigentlich so recht nichts zu Ende bringen ließ. Ich kann ja verstehen, dass er als absolutistischer Fürst repräsentieren musste und dafür prächtige Bauwerke brauchte. Aber gleich so viele? Und wäre es nicht sinnvoll gewesen, eins nach dem anderen fertigzustellen? Ich habe den Eindruck, der König war wie ein Künstler, der vor Ideen sprüht, mit der Verwirklichung aber nicht hinterherkommt. Allerdings muss man zugeben, dass er damals nicht der Einzige war, der sich so maßlos der Baukunst widmete, auch andere Fürsten seiner Zeit bauten ständig neue Schlösser und legten große Gärten an. Ganz schön teuer, so eine Mode!

Barockgarten Großsedlitz, Schloss Pillnitz und Japanisches (früher Holländisches) Palais

# August voll im Trend

Mitten hinein in Augusts Bauwut hatten die Dresdner Bürger mit einem ungewöhnlichen Kirchenbau begonnen: der Frauenkirche. Vielleicht wollten sie testen, ob der König es mit seiner Rücksicht dem evangelischen Glauben gegenüber tatsächlich ernst meinte. Jedenfalls planten sie einen richtig großen, stattlichen Bau, einen, der dem Stadtbild ein neues Aussehen verleihen und sogar in Konkurrenz zum Schloss mit seinem Hausmannsturm treten würde. Dem König kam dieses Vorhaben aber wahrscheinlich gerade recht. Damit konnte er zeigen, dass er seinen Landeskindern ihren Glauben durchaus nicht streitig machen wollte. Außerdem freute er sich bestimmt über den neuen Glanzpunkt in seiner Residenz. Der Ratszimmermeister George Bähr plante nämlich einen Zentralbau mit einer riesigen Kuppel als Dach. Solche Bauten hatte August schon auf seinen Reisen gesehen, und sie hatten ihn sehr beeindruckt. Als die Kirche dann fertig war, konnten alle, der katholische König und die evangelischen Bürger, stolz auf sie sein, denn sie war damals etwas ganz Besonderes, nämlich nördlich der Alpen die größte und einzige Kirche mit einer Kuppel aus Stein. Für so etwas hatte August natürlich etwas übrig.

Seine Untergebenen, das muss man sagen, hatten es bestimmt nicht leicht. Vor allem die Leute vom Bauamt und die Finanzverwalter hat er sicher zur Verzweiflung gebracht. Aber er hat Dresden damals zu einer modernen Stadt gemacht. Handwerker, Künstler und viele Händler verdienten gut, denn die Bauarbeiten zogen viele Menschen an (heute nennt man so was Wirtschaftsaufschwung). Der König selbst wurde zum Vorbild, auch für die einfachen Bürger. Wer etwas auf sich hielt (und das nötige Geld dafür hatte), kaufte sich Himmelbetten, bemalte Wandschirme, Spiegel oder Porzellan. Kunst wurde zum Gesprächsthema, zum Beispiel bei den geistreichen Gesprächen, erinnert euch an die Gräfin Cosel. Seitdem haben die Sachsen den Ruf, vornehme, künstlerisch interessierte und weltoffene Menschen zu sein. Noch heute können wir all das Schöne genießen (übrigens funktioniert das noch immer mit dem Wirtschaftsaufschwung, zum Beispiel durch all die Touristen, die wegen der Kunst und der Architektur in die Stadt kommen, in den Geschäften einkaufen und in den Hotels übernachten).

August war es aber nicht allein, der der Kunst zu so großer Blüte verhalf. Hinter ihm standen eine große Zahl genialer Künstler, Architekten, Bildhauer und Maler, Goldschmiede und Porzellanarbeiter, Musiker und Komponisten. Vielleicht habt ihr schon einmal etwas von Johann Sebastian Bach und Antonio Vivaldi gehört. Auch sie haben für den Sächsischen Hof komponiert, und die Hofkapelle, die Vorgängerin der Sächsischen Staatskapelle von heute, war eines der angesehensten Orchester in Europa. Augusts Verdienst aber war es, dass er sämtliche Gewerbe berücksichtigt und gefördert hat. Er ließ die Fachleute zusammenarbeiten und sich gegenseitig anregen. Auf diese Weise schuf er eine ungeheuer produktive Atmosphäre, die jeden Einzelnen zu Höchstleistungen anspornte. Für den König zählten nur Können und Fachkenntnis. Balthasar Permoser beispielsweise, der Künstler, der am Zwinger so eindrucksvollen Skulpturenschmuck schuf, trug einen für die Zeit äußerst unüblichen Vollbart, weshalb ihn die Zeitgenossen für einen ungepflegten Sonderling hielten. Der König aber, sobald er von seinen grandiosen Fähigkeiten wusste, schätzte und unterstützte ihn ebenso wie all die anderen Handwerker und Künstler. Auch konnten Menschen, die aufgrund ihres Glaubens andernorts vertrieben wurden, sich in Sachsen niederlassen und ungehindert ihren Geschäften nachgehen.

Dabei hatte August einen ausgeprägten Sinn für die neuesten Trends, für alles, was modern war. Wie weit seine Vorstellungen in die Zukunft reichten, zeigt der Plan, ein Glocken- und Pfeifenspiel aus Meissener Porzellan anfertigen zu lassen; 946 Pfeifen und 51 Glocken waren vorgesehen. Sein Traum wurde allerdings erst sehr viel später verwirklicht. Erst im Jahr 2000 wurde nämlich weltweit erstmals ein solches Instrument gebaut, zusammen mit der Staatlichen Porzellan-Manufaktur Meissen schuf eine Dresdner Orgelbaufirma ein Spiel mit 40 Glocken und 49 Pfeifen für einen Auftraggeber in Japan (also immer noch eine Nummer kleiner das Ganze). Und jetzt verrate ich euch noch was: Der König selbst hat auch eine Erfindung gemacht. Die hatte mit seiner Schatzkammer zu tun. Und das kam so:

Seit 1933 hängt auch am Zwinger ein Glockenspiel aus Meissener Porzellan. Die 40 Glocken erklingen (außer im Winter) heute noch jeden Tag.

# Die Schatzkammer des Königs

Unter Herrschern seiner Zeit war neben der Beschäftigung mit Architektur das Sammeln von Kunst ein recht verbreitetes Hobby. Darin war August richtig gut, besser vielleicht als in seinem Beruf als König. Wie seine Vorgänger und andere Fürsten auch bewahrte er anfangs die erworbenen Schätze entweder in einer »Kunstkammer« auf, in Dresden waren das mehrere Räume im dritten Stock des Schlosses, oder – wenn es sich um besonders wertvolle Stücke handelte – in der »Geheimen Verwahrung«, dem für die Öffentlichkeit unzugänglichen Staatstresor. Das waren Räume im Erdgeschoss, die nicht mit einer Holzbalkendecke versehen, sondern gewölbt und deshalb besonders gut gegen Feuer geschützt waren. Hier wurden unter anderem wichtige Staatspapiere oder Goldvorräte (wenn welche da waren!) gelagert. Schon seit langem nannte man diese Zimmer »das Grüne Gewölbe«, obwohl nicht die Gewölbe, sondern die Türumgrenzungen und einzelne Bauteile der Säulen grün waren.

Da der König immer neue Stücke kaufte, reichte schon bald der Platz nicht mehr aus. Außerdem wollte er seine Sammlungen zeigen und sie nicht in einem Tresor verstecken. August studierte genau, wie man solche Schätze idealerweise präsentierte: Dafür trennte man am besten die Stücke nach künstlerischen Gruppen (sogenannten Gattungen). Also sonderte man Schmuckstücke von Porzellanen ab, Gemälde von Kupferstichen und Münzen von Gold- und Silberarbeiten. Außerdem stellte man alles so aus, dass jedes Exemplar seinem Wert entsprechend zur Wirkung kam. Schließlich war es wichtig, dass möglichst viele Leute – vor allem einflussreiche – die Kunstwerke sehen und bewundern konnten.

Solche Überlegungen zählten für August besonders, wenn er irgendetwas plante. Über viele Jahre hinweg machte er Skizzen, gestaltete Räume im Schloss oder in den Palästen zu Bildergalerien und Ausstellungskabinetten um und stellte Baupläne in den Dienst der neu zu ordnenden Sammlungen.

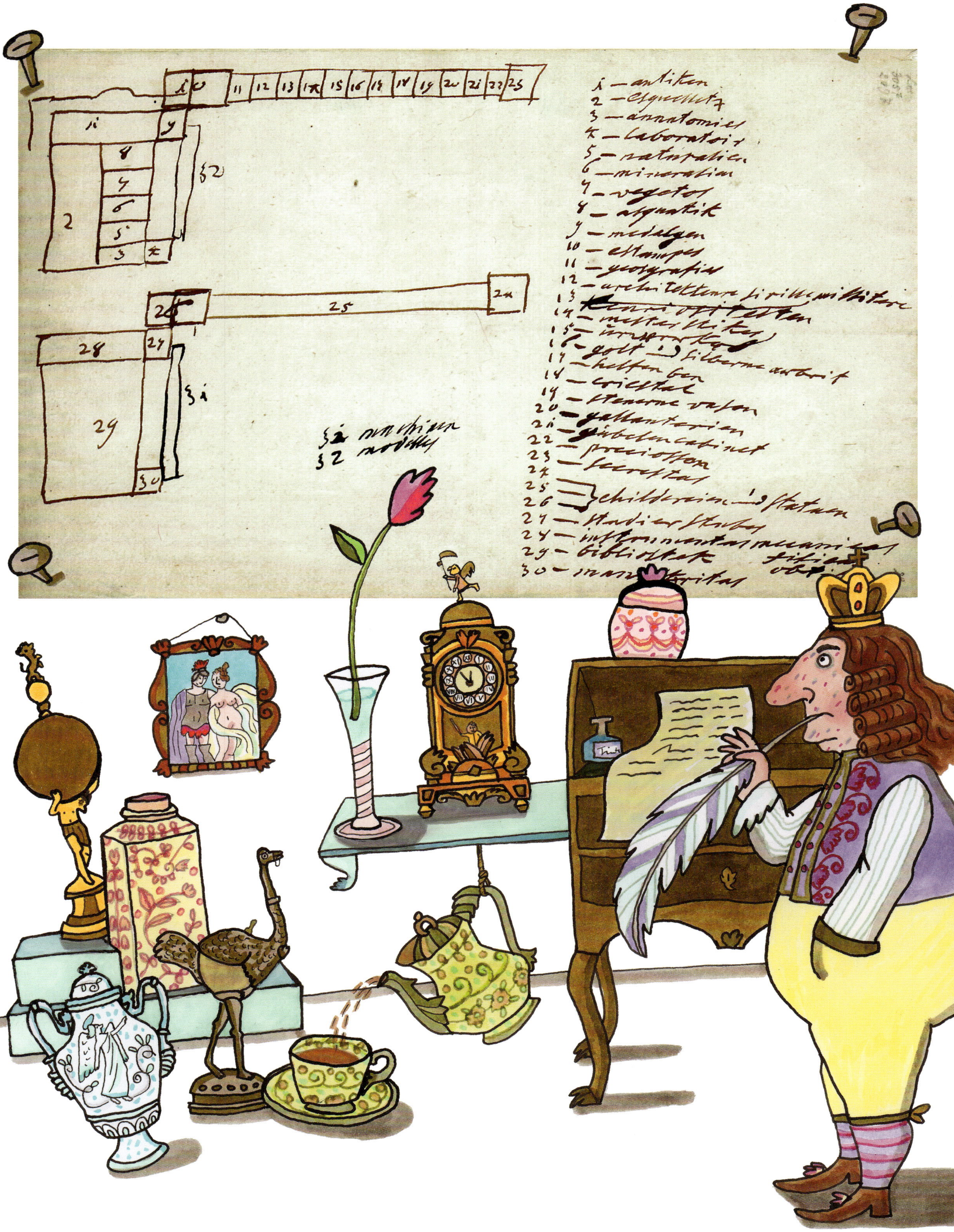
1 – antiken
3 – annatomie
4 – laboratoir
5 – naturalien
6 – mineralien
10 – estampes
11 – geografie
26 – schildereien und statuen
29 – bibliothek

Auf dieser Seite seht ihr das »Silbervergoldete Zimmer« und rechts den »Pretiosensaal« im Historischen Grünen Gewölbe.

Besonders am Herzen lagen ihm seine Schatzkammerstücke, die Kostbarkeiten aus Gold, Silber, Elfenbein und Edelsteinen. Und weshalb sollte er für ihre Präsentation nicht die »Geheime Verwahrung« im Erdgeschoss des Schlosses nutzen? Was für eine Idee, die bisher streng unter Verschluss gehaltenen Tresorräume für eine öffentliche Ausstellung zu verwenden!

Diese Räume ließ August in der Zeit von 1723 bis 1725 für seine Kostbarkeiten und Juwelen ausstatten. Die einzelnen Ausstellungsräume, sogenannte Kabinette, wurden mit Eichenholz getäfelt, marmorartig bemalt, zinnoberrot lackiert, mit grün gerahmten Spiegeln versehen oder gänzlich verspiegelt und mit vergoldetem Schnitzwerk geschmückt. Bald konnten die Besucher einen unvergleichlichen Schatz bewundern, eine der prachtvollsten Preziosensammlungen der Welt (Preziosen sind Kostbarkeiten wie Schmuck und prunkvolle Gefäße) mit kuriosen Meisterwerken aus Perlen, Gold und Edelsteinen, mit fantasievoll zu Trinkgefäßen verwandelten Kokosnüssen und Straußeneiern, mit unübertroffen feinen Elfenbeinarbeiten, mit ganzen Schränken aus Bernstein, mit den sagenhaften Kronjuwelen und natürlich den einzigartigen Goldschmiedearbeiten wie dem Thron des Großmoguls und dem Goldenen Kaffeezeug.

Die Juwelen wurden in verspiegelten Einbauvitrinen präsentiert, die wahrscheinlich auch heutigen Sicherheitsanforderungen standhalten würden. Im Übrigen waren alle Räume durch eiserne Türen und Fensterläden gesichert, auf eine Weise, dass einige selbst den Feuersturm des Zweiten Weltkrieges nahezu unbeschadet überstanden. Sogar an einen Empfangsraum, in dem die Besucher Degen und Mäntel ablegen und das erforderliche Eintrittsgeld bezahlen konnten, war gedacht. Auch Aufbewahrungsräume für die Dinge, die nicht ausgestellt werden sollten oder repariert werden mussten, oder für die neuen, die noch keinen Platz gefunden hatten, wurden eingerichtet.

Auf diese Weise hatte August etwas noch nie Dagewesenes geschaffen, etwas, wofür es noch nicht einmal so recht einen Begriff gab: das Museum. In Dresden wurde für die neu entstandene Sammlung der alte Name der Räumlichkeiten, »das Grüne Gewölbe«, in der Umgangssprache einfach beibehalten, obwohl jetzt nicht mehr das Grün, sondern eine Vielfalt von Farben und Eindrücken den Ton angaben. Diese Bezeichnung wird bis heute verwendet, sowohl für die Räume als auch für die Sammlung selbst.

Nach wie vor wurden hier auch weiterhin Dinge aufbewahrt, die eigentlich nicht in ein Museum gehören, sondern eher in einen Staats- oder Banktresor: Staatspapiere, Geheimakten, ja selbst Wertgegenstände anderer Eigentümer oder gar der königliche Schnupf- und Rauchtabak. Noch bis in die Mitte des 19. Jahrhunderts wurden Ausstellungsstücke bei Bedarf auch entnommen, beispielsweise wenn es für die Majestäten eine Gelegenheit gab, den Juwelenschmuck zu tragen.

Für die neue Präsentation, die wir heute sehen können, wurden das Goldene Kaffeezeug, der Thron des Großmoguls und andere bedeutende Stücke ausgegliedert. Sie sind aus nächster Nähe im »Neuen Grünen Gewölbe«, einer getrennten Ausstellung im Schloss, zu bewundern. Die alten Räume aber wurden so wiederhergestellt, wie sie ursprünglich waren, und mit den verbliebenen Kostbarkeiten versehen. Wegen des großen Andrangs muss man sich oft Wochen vorher anmelden, wenn man diese alten Räume, das »Historische Grüne Gewölbe«, besuchen möchte. Damals dagegen gab es nicht viele Leute, die das nötige Geld für den ziemlich teuren Eintritt hatten. Einfache Bauern kamen sicher nicht auf die Idee, die Juwelen des Königs zu besichtigen.

# Adieu, August!

August der Starke starb 1733 im Alter von 63 Jahren. Obwohl es ihm schon ziemlich schlecht ging, war er noch zu einer Reise nach Polen aufgebrochen. Die Menschen in seiner engeren Umgebung hatten ihm davon abgeraten, er aber soll gesagt haben: »Ich fühle die mir drohende Gefahr, doch bin ich verpflichtet, mehr Bedacht zu nehmen auf meine Völker als auf meine Person«. Wenige Tage nach seiner Ankunft in Warschau starb er, und er wurde dort begraben. Sein Herz aber kam auf seinen eigenen Wunsch hin in einer silbernen und innen vergoldeten Kapsel nach Dresden (ist das nicht gruselig?). Sie befindet sich in der Gruft der Hofkirche.

GRÆTZ .80.MEILEN.

Mein Ururur(ihr wisst schon)-Großvater hat wirklich viel erlebt und aufgeschrieben. Eine ganze Menge könnte ich euch noch berichten. Zum Beispiel über den Sohn Augusts des Starken, der dann als August III. Kurfürst von Sachsen und König in Polen wurde. Oder über meinen Urururururur-Großvater persönlich. Der hatte es nämlich faustdick hinter den Ohren! Aber schaut ihn euch doch selbst einmal an: im Neuen Grünen Gewölbe gibt es ein Kästchen für Tinte und Schreibgeräte mit einer Figurengruppe aus Elfenbein darauf, besetzt mit Gold und Edelsteinen. Dargestellt ist eben mein Vorfahre, wie er einen von Schweinen gezogenen Wagen lenkt. Wenn man eine der silbernen seitlichen Türen öffnet, sieht man, dass er mit heruntergelassener Hose wie auf einem Toilettenstuhl im Wagen sitzt. Sogar ein – äh, also – Häufchen ist zu sehen. Aber nicht das, was ihr jetzt denkt, sondern ein Häufchen aus Gold- und Silbermünzen. Was das wohl bedeutet? So genau weiß niemand, wie dieses Stück in den Besitz des Königs gekommen ist, ich denke mir aber, Joseph Fröhlich wird es ihm geschenkt haben, wer sonst. Stellt euch vor, wie er dem König ganz ehrerbietig, vielleicht zum Geburtstag, diese wertvolle Schatulle überreicht und ihm dabei mit einem Augenzwinkern zu verstehen gibt: »Herr König, Ihr mögt mit dieser Tinte Befehle erlassen und Urteile fällen – ich aber bin ein Narr, ich sch… – äh, pfeif' drauf! Und wenn's mir passt, fahr' ich mit dem Erlös meiner ›Geschäfte‹ einfach nach Hause, tschüss und adieu!«
Ganz schön frech, oder?

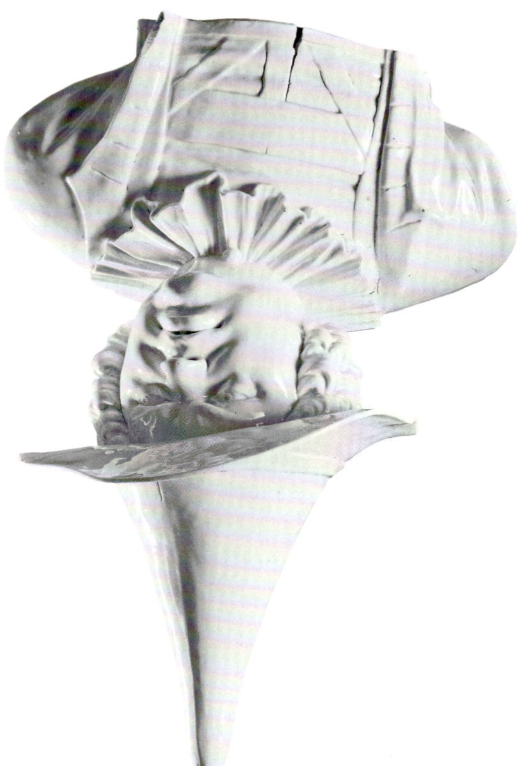

# Impressum



Text Monika Rosner

Illustrationen Glummie Riday

Lektorat Heike Bojunga, Christiane Filius-Jehne

Gestaltung Simone Antonia Deutsch
Sandstein Kommunikation GmbH

Satz und Reprografie Sandstein Kommunikation GmbH

Druck und Verarbeitung DZA Druckerei zu Altenburg GmbH

Abbildungen
bpk/RMN/Château de Versailles/Gérard Blot: S. 16
Frank Höhler: S. 36/37, 57, 58/59, 63, 64, 65, 75 o., 75 u., 79
Werner Lieberknecht: S. 40/41, 70; Jörg Schöner: S. 35
Sächsische Landesbibliothek – Staats- und Universitätsbibliothek,
Abt. Deutsche Fotothek: S. 9 o. li. (Regine Richter), 9 o. re. (Walter Möbius),
9 li., 9 M., 9 u. (Rudolph Kramer), 23, 24 (Heinz Nagel), 29 (André Rous), 34 (Hans Loos),
46 li. (Richter), 46 re., 49, 60 (Loos), 64 o. li., 64 o. re., 67 ob. (Nagel), 87 (Jürgen Karpinski)
Sächsisches Staatsarchiv, Hauptstaatsarchiv Dresden: S. 81
Staatliche Kunstsammlungen Dresden (SKD): S. 11 (Jürgen Karpinski), 77 (Jürgen Lösel)
SKD, Gemäldegalerie Alte Meister: S. 2, 9, 25, 32, 66, 67, 74, Titel (Hans-Peter Klut),
31, 33 (Elke Estel/Hans-Peter Klut), 24
SKD, Grünes Gewölbe: S. 43, 50/51, 52/53, 55, 84, 86 (Jürgen Karpinski),
82, 83 (David Brandt), 64 o. li.
SKD, Kunstgewerbemuseum: S.7 (Elke Estel/Hans-Peter Klut)
SKD, Kupferstich-Kabinett: S. 9 o. li., 9 li., 9 u., 10, 61, 69 (Herbert Boswank),
12/13 (André Rous), 29, 34, 46 li., 46 re., 49, 60, 64 o. re., 67 o., 68
SKD, Porzellansammlung: S. 47 (Werner Lieberknecht), 48 (Jürgen Karpinski), 87
SKD, Rüstkammer: S. 19 (Elke Estel/Hans-Peter Klut), 26 (Klut)
www.shotshop.com: Titel (Rahmen); www.shutterstock.de: S. 21, 72/73, 75 M., 76



www.sandstein.de
ISBN 978-3-940319-31-9

## Monika Rosner

ist Kunsthistorikerin und lebt seit 1991 in Dresden.
Sie ist verheiratet und hat zwei neugierige Töchter, die immer ganz genau wissen wollen, was es mit der Kunst und Architektur, die sich ihre Eltern so ausgiebig ansehen, auf sich hat.
Für sie und alle anderen wissbegierigen Kinder hat sie das Leben des berühmtesten sächsischen Herrschers aufgeschrieben.

## Glummie Riday

ist Grafikdesignerin und arbeitet seit 1997 als freischaffende Illustratorin. Nachdem ihre Ausbildung sie um die halbe Welt führte, lebt sie nun in Leipzig.
Sie liebt die Herausforderung, Bücher für Kinder zu illustrieren und erhält dabei tatkräftige Unterstützung von ihren beiden Töchtern, die all ihre Werke aufmerksam unter die Lupe nehmen.